Cornelia Kuhnert

111 Orte in Hannover, die man gesehen haben muss

Mit Fotografien von Günter Krüger

111

emons:

Bibliografische Information der Deutschen Bibliothek
Die Deutsche Bibliothek verzeichnet diese Publikation
in der Deutschen Nationalbibliografie; detaillierte bibliografische
Daten sind im Internet über http://dnb.d-nb.de abrufbar.

MIX
Papier aus verantwortungsvollen Quellen
FSC® C083411
FSC www.fsc.org

Gestaltung: Eva Kraskes, nach einem Konzept
von Lübbeke | Naumann | Thoben
Kartografie: altancicek.design, www.altancicek.de
Wald- und Siedlungsflächen: OpenStreetMap
Druck und Bindung: CPI – Clausen & Bosse, Leck
Printed in Germany 2021
Erstausgabe 2013
ISBN 978-3-7408-1513-4
Aktualisierte Neuauflage Oktober 2021

Vorwort

Wie nähert man sich einer Stadt, die man wie seine eigene Westentasche zu kennen glaubt?

Am besten mit dem Fahrrad. Ein festes Ziel vor Augen fuhren wir los und entdeckten auf dem Weg jede Menge Besonderheiten, wie Deutschlands erste Kletterkirche, Deutschlands erstes Pfefferhaus oder das Hundeloch. An den Wochenenden kamen so oft bis zu 150 Kilometer zusammen und wir aus dem Staunen nicht mehr heraus.

Je tiefer wir in die Orte und Geschichten Hannovers eintauchten, umso überraschter waren wir: Hannover, die Hochburg des venezianischen Karnevals, die Stadt, in der das Fließband zu rollen begann. Der erste Motorflug der Welt fand hier statt, und das Reklameflugzeug wurde an gleicher Stelle erfunden. Europas erste Gaslaternen wurden dank der Personalunion mit dem englischen Königshaus in Hannover gezündet, die weltweit ersten batteriebetriebenen Feuerwehrautos kamen zum Einsatz, und man baute die landesweit erste Tankstelle. Hier wurde Deutschlands erster Fußballverein gegründet und hier war in den 20er Jahren das Zentrum der künstlerischen Avantgarde. Pferdesport und Tierarztwesen Hannovers setzten Maßstäbe.

Staunend mussten wir feststellen: Kaum eine Stadt hat ab dem 19. Jahrhundert Innovationen in allen Lebensbereichen so mitbestimmt wie Hannover. Noch überraschender: Die Stadt schafft es bislang erfolgreich, dies geheim zu halten. Aber nicht mehr lange.

Egal, ob man sich in Schwitters' Sinne Hannover von hinten, von vorne oder aus der Mitte nähert: Die Stadt hält jede Menge Orte und Überraschungen bereit. Und zwar noch viel mehr, als in dieses Buch gepasst haben. Gern hätten wir noch über die Eisfabrik, das Kanapee oder das Bundesleistungszentrum für Tischfußball geschrieben. Der Landschafts-Friedhof in Stöcken fehlt, der Gropiusbau, die Wohnhöfe und, und, und …

Auf geht's! Es gibt viel zu entdecken.

111 Orte

Treck
1979

LEIBNIZ
KEKS

ahrrad
Schläuche

1_Der Abenteuerspielplatz

Bock auf Bauen?

Insgesamt gibt es fast 150 Bolzplätze in Hannover, außerdem fast 400 Spielplätze. Eine Perle unter ihnen ist der Spielpark Tiefenriede. Seit 40 Jahren wird hier mit erlebnispädagogischem Ansatz gehämmert, was das Zeug hält.

Entstanden ist der Spielpark in jener unruhigen »Nach-68er-Phase«, als man über Erziehung »neu« diskutierte und antiautoritäre Kinderläden und Jugendprojekte wie Pilze aus dem Boden schossen. Ein abgebranntes Holzlager schien der ideale Ort für einen Bauspielplatz in der Südstadt zu sein – zumal gleich nebenan an der Pädagogischen Hochschule die zukünftigen Lehrer ausgebildet wurden. Im Laufe der Zeit verschwanden die Baubuden von den meisten Spielplätzen. Im Wakitu in der Eilenriede legte man stattdessen einen Hochseilgarten an.

Der Spielpark Tiefenriede fühlt sich weiterhin der Tradition des Bauspielplatzes verpflichtet. Hier gibt es Baugruppen von zwei bis fünf Kindern und Jugendlichen im Alter zwischen sieben und 14 Jahren. Sie bauen im abgesperrten Terrain ihr eigenes »Haus« auf einer zugewiesenen Parzelle von drei mal drei Metern. Beim Bau wird Gründlichkeit großgeschrieben. Erst denkt man über die Statik nach und erstellt eine Bauzeichnung, dann setzt man das Balkenwerk, später folgt die Verschalung mit Brettern und zum Schluss die Inneneinrichtung mit selbst gefertigten Bänken. Das kann Wochen und Monate dauern. Jungen überwiegen, es gab jedoch auch schon reine Mädchengruppen. Gäste dürfen mitwerkeln, aber nur bei Gruppenzustimmung.

Die Bautätigkeit ist für alle kostenlos, genau wie die Benutzung der Skateanlage und des Fuhrparks mit Kettcars, Inlinern und BMX-Rädern. Im angegliederten Spielhaus sind drei ErzieherInnen für Angebote von Kochen über Stockbrotbacken und Laubsägearbeiten bis zu Krökeln und Computerbetreuung zuständig. In den Ferien hat man Zeit für Projekte und Ausflüge.

Adresse Haspelfelder Weg 18, 30173 Hannover-Südstadt, Tel. 0511/882627 | ÖPNV S-Bahn-Linie 1, 5, Regionalbahn oder Buslinie 121, Haltestelle Bismarckstraße | Öffnungszeiten Spielpark: Mo–Fr 12–18 Uhr, Stockbrotbacken am Lagerfeuer: Mi 15–17.30 Uhr | Tipp Gleich um die Ecke, an der Bismarckstraße 2, liegt die ehemalige Pädagogische Hochschule, die 1929 bis 1935 von Franz Erich Kassbaum gebaut wurde. Der Backsteinbau steht unter Denkmalschutz. Besonders die Rückseite ist sehenswert.

2 Der Alte Bahnhof in Anderten

Romantik am Gleis

Seit mehr als 100 Jahren thront das Gebäude der »Königlich-Hannoverschen-Eisenbahn« über den Gleisen am Anderter Bahnhof. Am 1. Mai 1906 verkehrte hier zum ersten Mal ein Zug auf der Strecke zwischen Wunstorf und Lehrte, um den Bahnhof in Misburg zu entlasten. Im Backsteinhaus wurden Fahrkarten verkauft, Reisende warteten oder gaben Gepäck auf.

Mitte der 80er erging es dem kleinen Bahnhof wie so vielen anderen: Er wurde für überflüssig erklärt und stand zum Verkauf. Fahrkarten kann man schließlich auch andernorts erhalten. Für die neuen Besitzer war das die Gelegenheit, um sich ihren Traum zu erfüllen: Seit fast 20 Jahren hat sich eine Gastronomie im Innen- und Außenbereich des Gebäudes entwickelt, die mit Bratkartoffelgerichten und frischen Salaten von sich reden macht. Der Flammkuchen kommt frisch aus dem Backofen und gilt als Delikatesse. Aber das Essen und Trinken ist nicht der einzige Grund, warum diese Gaststätte ihresgleichen sucht. Ein weiterer sind die regelmäßigen Konzerte verschiedenster Stilrichtungen. Von nah und fern finden die Bands den Weg nach Anderten, vor allem die, die es lieben, dicht am Publikum zu spielen, während draußen die ICEs vorbeidonnern.

Ganz besonders intensiv erlebt man das »Bahnhofgefühl« im verwunschen wirkenden Biergarten. Mit seinen Nischen hat er sich in jeden Winkel der freien Außenfläche entwickelt und wartet mit vielen kleinen Überraschungen zwischen Kunst und Kitsch auf, die der Gast entdecken kann – wenn er nicht gerade auf die Gleise schaut. Im Gebäude runden wechselnde Kunstausstellungen und die »freie« Bibliothek den Strauß an Besonderheiten ab. Als noch niemand daran dachte, »offene Bücherschränke« in den Straßen aufzustellen, gab es hier schon aus allen Bereichen kostenlosen Lesestoff zum Tauschen.

Der Bahnhof ist bequem im halbstündigen Takt mit der S-Bahn oder mit dem Fahrrad entlang des Kanals zu erreichen.

Adresse An der Bahn 2, 30559 Hannover-Anderten, www.alter-bahnhof-anderten.de | ÖPNV S-Bahn-Linie 3, Haltestelle Bahnhof Anderten-Misburg | Öffnungszeiten täglich ab 11.30 Uhr, Informationen zu Konzerten auf der Homepage | Tipp Nur wenige Schritte entfernt ist der Mittellandkanal, der zum Spaziergang und Schiffe gucken einlädt.

3 Die Alte Bult

IBM sei Dank

Der Name »Bult« beschreibt einen Bereich der Regenmoore, die im Zeitalter des Holozän entstanden. Bulte sind die trockensten Standorte in diesen Moorgebieten. Auf solch einem Fleckchen Erde legte der Hannoversche Rennverein e. V. 1909 eine Pferderennbahn an. Auf dem weiträumigen Gelände gab es neben der Tribünenlandschaft einen Führring, darum herum Bäume und Kieswege. Insgesamt ähnelte die Anlage dem Hoppegarten in Berlin und strahlte großbürgerliche Ländlichkeit aus.

Der 7. Juli 1912 ging als Zeppelin-Renntag in die Geschichte ein. An diesem Tag gab es außer den Rennen die Landung und den Abflug des Zeppelins Viktoria-Luise zu sehen. Eine Attraktion, zu der Tausende von Schaulustigen herbeiströmten, keiner wollte diese Sensation verpassen.

Der Rennsport auf der Bult überstand Wirtschaftskrise und Kriege. Nach dem Zweiten Weltkrieg baute man die Anlage zügig wieder auf. Alles war gut, bis der Verein 1969 plötzlich die Kündigung bekam. Der amerikanische Computerkonzern IBM beabsichtigte, in Hannover ein Werk zu bauen, mit Arbeitsplätzen für 1.200 Menschen. Standort sollte unbedingt die Bult sein, die damals nicht die »Alte« war, weil es die »Neue« in Langenhagen noch nicht gab. Die Stadt ließ sich mit der Hoffnung auf hohe Gewerbesteuereinnahmen locken und ging ohne Vertrag in Vorleistung. Die Rennbahn wurde abgerissen und das Grundstück erschlossen. IBM machte jedoch 1971 einen Rückzieher. Der Bedarf hatte sich geändert.

Nach dem politischen Debakel entstanden hier ein Kinderkrankenhaus und ein weiteres Landschaftsschutzgebiet direkt im Stadtgebiet. Mittlerweile ist dieses ein beliebter Treffpunkt für Hunde samt Besitzern, die sich das Areal mit Pferdefreunden teilen: Auf dem Gelände befindet sich ein Reitstall. Die dazugehörige Reitschule bietet Unterricht auf fünf Pferden an, außerdem gibt es eine Reithalle, einen Springplatz und einen Longierzirkel.

Adresse Eingang über Mainzer Straße 6, 30173 Hannover-Südstadt | **ÖPNV** S-Bahn-Linie 1, 5, Haltestelle Bismarck Bahnhof, oder Buslinie 121, Haltestelle Stresemannallee | **Öffnungszeiten** Reitstall Stolberg: Mo–Fr (während der Schulzeit) 15–18 Uhr, (während der Ferien 10–18 Uhr), Sa, So und Feiertage 10–18 Uhr, www.reitstall-stolberg.de, Tel. 0172/5427050 | **Tipp** Seit über 70 Jahren gibt es im Rundbau der 50er Jahre am Altenbekener Damm 9 gegenüber des Bismarckbahnhofs traditionsreiche Gastronomie. Seit 2016 lädt das Café Extrablatt zum Verweilen ein (www.cafe-extrablatt.de).

4 Die Alte Grammophon

Wohnen und arbeiten bei Emil Berliner

Versteckt in der Nordstadt zwischen Kniestraße und Edwin-Oppler-Weg ist ein Gestaltungskonzept verwirklicht worden, das im Jahre 2000 mit dem zweiten Platz beim niedersächsischen Staatspreis für Architektur ausgezeichnet wurde. Dazu sanierte man die alten Fabrikgebäude der Grammophonfabrik und schuf Ateliers, Büros und Wohnräume mit ökologischer Ausrichtung.

Kreative, Musiker und Maler haben sich mit ihren Werkstätten hier angesiedelt. Dazu sanierte man die alten Fabrikgebäude der Grammophonfabrik und schuf Ateliers, Büros und Wohnräume mit ökologischer Ausrichtung, in den sich Kreative, Musiker und Maler mit ihren Werkstätten angesiedelt haben.

Die Backsteinhäuser sind eng verknüpft mit der Geschichte Emil Berliners. 1870, vor der Einberufung in den Deutsch-Französischen Krieg, flüchtete er nach Amerika. Nach drei Jahren im Gelobten Land hatte er seine erste Eigenentwicklung kreiert: ein Mixgetränk aus Kaffee, Schokolade und verschiedenen Sirups. Seine wahre Leidenschaft galt jedoch den neuen Möglichkeiten der Elektrizität. Zuallererst erfand er ein Mikrofon. Der Amerikaner Bell bot ihm viel Geld dafür und einen Job in seiner Fabrik an. Berliner lehnte ab und tüftelte im eigenen Labor weiter. 1887 präsentierte er eine Schallplatte auf Zink, das Abspielgerät nannte er Grammophon. Er experimentierte auch mit Kupfer und Hartgummi und wollte damit in Serienproduktion gehen, fand in Amerika aber keinen Investor. 1889 ging er zurück nach Deutschland und demonstrierte sein Grammophon vor den Experten der Berliner Elektronischen Gesellschaft. Die waren begeistert und nahmen ihn als Mitglied auf. Zurück in Amerika tüftelte er weiter. 1895 gelang ihm mit der Erfindung der Schelllackplatte der Durchbruch. 1898 gründeten Emil Berliner, sein Bruder Joseph und andere die Deutsche Grammophon Gesellschaft. Im selben Jahr ging die erste Schallplattenfabrik der Welt in der Kniestraße in Serienproduktion. Das war die Geburtsstunde der Plattenindustrie.

Adresse Areal zwischen Edwin-Oppler-Weg und Kniestraße, 30167 Hannover-Nordstadt | **ÖPNV** Stadtbahnlinie 4 und 5, Haltestelle Schneiderberg | **Öffnungszeiten** Werkstatt Lehnen: geöffnet Mo – Do 9 – 17 Uhr und Fr 9 – 15 Uhr | **Tipp** Das Atelier Block 16, Edwin Oppler-Weg 14, ist ein offenes Atelier und bietet jedes Quartal eine sehenswerte Ausstellung, Tel. 0511/714199.

5 Alter jüdischer Friedhof

Ewige Ruhe auf der Sanddüne

Der älteste jüdische Friedhof in Norddeutschland befindet sich in der Oberstraße. Er ist nach jüdischem Glauben ein Haus der Ewigkeit, das den Verstorbenen eine dauerhafte Ruhestätte sichern und auf »ewig« nicht angetastet werden soll.

Hierfür erwarben hannoversche Juden Mitte des 16. Jahrhunderts vor den Toren der Stadt einen meterhohen Sandhügel. Er war eine der Erhebungen, die hier nach der letzten Eiszeit vor etwa 200.000 Jahren entstanden, als die Gegend vom Nordpol bis Norddeutschland mit einer dichten Eisschicht überzogen war. Bei ihrem langsamen Vordringen nach Süden schoben die Gletscher große Mengen an Gestein vor sich her und rieben es klein. Vor ungefähr 10.000 Jahren peitschte der Wind Staub, Sand und Ton vor sich her und trieb sie zu diesen Wander- oder Binnendünen zusammen.

Als man in der wachsenden Stadt Baustoffe benötigte, entwickelte sich der Sand zum begehrten Gut und die aufgeworfenen Hügel zum Objekt der Begierde. Nach und nach wurden sie abgetragen, bis sie ganz verschwunden waren und nur noch Straßennamen wie Schneiderberg und Lärchenberg an sie erinnerten.

Auch die Friedhofs-Sanddüne rechter Hand des damaligen Schlosses Monbrillant weckte die Begehrlichkeiten von Fuhrleuten. Sie trugen den Sand illegal ab. Die Hecke, die die Begräbnisstätte einzäunte, stellte für sie kein Hindernis dar. 1671 bekam die jüdische Gemeinde vom Amtsvogt des Amtes Langenhagen Hilfe in Form eines in Stein gemeißelten »Schutzbefehls«. Bei der Friedhofserweiterung 1740 errichtete man außerdem eine hohe Mauer. Neben dem Eingangsbereich setzte man die Steintafel ein. Sie befindet sich noch heute dort.

Mit der Zeit wurde der Platz auf dem Hügel rar. Man türmte neue Erdschichten auf und bestattete die Verstorbenen übereinander. Die alten Grabsteine wurden auf einen erhöhten Gipfel gestellt. Insgesamt sind noch circa 700 Grabdenkmäler erhalten.

Adresse Oberstraße, 30167 Hannover-Nordstadt | **ÖPNV** Stadtbahnlinie 6 und 11, Haltestelle Christuskirche | **Öffnungszeiten** gut von außen einsehbar, Zugang auf Anfrage bei der Jüdischen Gemeinde, Tel. 0511/810472, www.jg-hannover.de | **Tipp** Gleich gegenüber der Friedhofsmauer an der Oberstraße befindet sich die Mottenburg, seit 1896 Gaststätte, seit über 30 Jahren typische Studentenkneipe mit einer großen Sammlung historischer Emailleschilder an den Wänden (geöffnet Mo–Fr ab 16 Uhr, Sa 17–3 Uhr, So 17–2 Uhr).

6 Der alternative Flohmarkt

Schnäppchen jenseits vom Mainstream

Der große Flohmarkt findet seit 1972 jeden Samstag am Hohen Ufer statt, wo sich schon in den allerfrühesten Morgenstunden die Händler um die besten Plätze streiten. Sein kleiner Bruder in Linden geht es gemütlicher an. Inmitten des FAUST-Geländes beginnt der Aufbau der Flohmarktstände sonntags nicht vor neun Uhr. Der alternativste der hannoverschen Stadtteile lässt auch hier keinen Stress aufkommen, sind doch gerade erst die letzten Nachtbummler aus dem samstags immer gut besuchten Veranstaltungszentrum gekommen und haben eine frühmorgendliche Pizza zu sich genommen.

Ab elf Uhr füllen sich die Wege rund um die »Warenannahme« oder die »60er-Jahre Halle«. Links und rechts der schmalen Gänge werden Schallplatten von einem Euro bis »scheißteuer« angeboten. Auch Freunde ausgefallener Kleidung kommen auf ihre Kosten, genau wie die von Büchern und Bildern. Brauseköpfe wechseln die Besitzer, ebenso Schuhe und Taschen.

Auf dem ehemaligen Gelände der Bettfedernfabrik Werner & Ehlers hat sich seit 1991 das soziokulturelle Zentrum FAUST entwickelt. Da der liebevoll skurril gestaltete Biergarten »Gretchen« heißt und die Club-Kneipe Mephisto, fragen ortsfremde Besucher schon einmal nach, ob es hier einen besonderen Bezug zu Goethes Faust gibt. Der Zusammenhang zum Dichterfürsten ist gewollt, aber FAUST steht nicht für Goethe, sondern für FAbrikUmnutzung und STadtteilkultur. Die Namen der Veranstaltungsräume wie »Bettfedernfabrik«, »Warenannahme« und »60er-Jahre Halle« beziehen sich auf die 130-jährige Tradition dieser Fabrik, die aus der List den Weg nach Linden fand. 1990 ging sie im Zeichen wirtschaftlicher Veränderungen in Konkurs. Jetzt kann man hier kulturelle Highlights, vom Dichterwettstreit über »Kulturkiosk«, Improvisationstheater und Partykracher wie »Linden Love«, genießen oder sich im »Tango Milieu« zu einem Tanz verführen lassen.

Adresse Kulturzentrum Faust, Zur Bettfedernfabrik 3, 30451 Hannover-Linden-Nord, Tel. 0511/455001, www.kulturzentrum-faust.de | ÖPNV Stadtbahnlinie 10, Haltestelle Leinaustraße | Öffnungszeiten Flohmarktaufbau sonntags ab 9 Uhr, Verkauf 11–16 Uhr | Tipp Ritualisierte Gemüseschlacht: Gleich hinter dem Biergarten »Gretchen« befindet sich die Dornröschenbrücke, auf der seit 2003 am ersten September-Wochenende zwischen Lindenern und Nordstädtern ein Kampf mit »Wegwerfgemüse« ausgetragen wird. Vorbild sind die Kreuzberger Gemüseschlachten.

7 Alter Schlachthof

Der Platz für Kunst und Därme

Ganz in der Nähe des Pferdeturms wurde im Jahr 1879 der »Central-Schlacht- und Vieh-Hof« gegründet. Die bis dahin üblichen Schlachtungen in den einzelnen Stadtteilen sollten unterbunden werden. Das damalige Gelände war fast viermal so groß wie heute. Eine prachtvolle Allee führte hindurch, Herzstück war die große Schlachthalle, die eher wie eine Markthalle daherkam. Den Krieg haben die Backsteingebäude überstanden, fielen dann aber der Modernisierung zum Opfer. Über 100 Jahre drängten sich Schafe, Rinder oder Schweine eng an eng an der Laderampe und warteten auf ihr letztes Stündlein. Inzwischen ist der eigentliche Schlachthof nach Gleidingen ausgelagert, und das Areal an der Röpkestraße hat den Zusatz »Alt« bekommen. Privatisierungsbemühungen in den 70er Jahren schlugen fehl. Insolvenz- und Zwangsverwaltung waren die Folge. Aber wie so oft gilt auch hier: Totgesagte leben länger. Mittlerweile hat sich auf dem jetzt privat geführten Gelände ein munterer Mix von Betrieben zusammengefunden. Geschickte Hände bringen Oldtimer auf Vordermann, Metalldetektoren für die Schatz- und Minensuche gehen von hier in alle Welt, Gastronomieeinrichtungen werden verkauft, und um die Ecke wird Kaffee geröstet. Auch einige Traditionsbetriebe haben durchgehalten: In der »Gewürzmühle« kann man seit 1893 Därme und Dosen für Wurst kaufen. Der Duft der Gewürze erfüllt den ganzen Laden.

Auf dem Alten Schlachthof wurde noch an drei Tagen in der Woche geschlachtet, doch 2017 ist dieses Kapitel hannoverscher stadtgeschichte zu Ende gegangen. Zwar werden noch Lebensmittel und Gastronomieartikel verkauft, aber kein Schwein quiekt hier mehr.

Künstler zieht es schon lange auf das Gelände in der Röpkestraße. Eine Ateliergemeinschaft sitzt im »Turm 1«, gleich nebenan im »Turm 2« kann man seit 1999 auf zwei Etagen bei Gabriele Wicke Kunst erleben und Seminare besuchen.

Adresse Röpkestraße 12, 30173 Hannover-Bult, www.kulturschlachthof-hannover.de | **ÖPNV** ab Kröpcke Stadtbahnlinie 4, 5 oder 11, Haltestelle Clausewitzstraße, dann rechts einbiegen in die Seligmannallee, wieder links in die Röpkestraße und dieser folgen bis zu den Schlachthofgebäuden | **Tipp** Auf dem Weg zum Schlachthofgelände steht an der Ecke der Hans-Böckler-Allee 20 das Verwaltungsgebäude und Zentrallabor der Kali-Chemie AG (heute Solvay). Das Baudenkmal wurde von Ernst Zinsser gebaut (seine Schwester war mit Konrad Adenauer verheiratet).

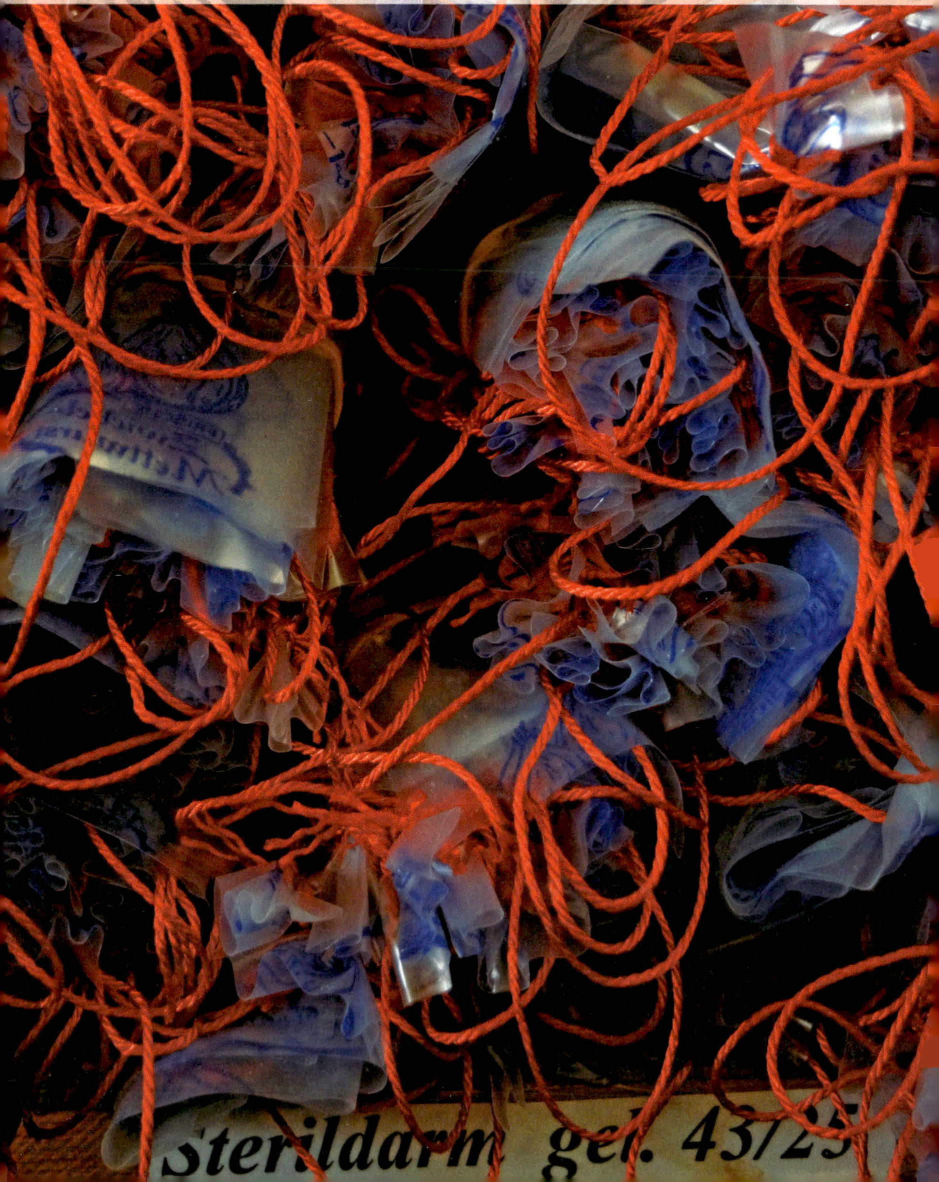

8 Der Arthur-Menge-Brunnen

Ein Hecht im Karpfenteich?

1964 bekam der Künstler Ludwig Vierthaler den Auftrag, einen Brunnen für Dr. Arthur Menge zu gestalten, der von 1925 bis 1945 die Geschicke der Stadt als Oberbürgermeister lenkte. In seine Zeit fielen die Typhusepidemie, der Bau des Maschsees und die Errichtung des Hermann-Löns-Parks. Als die Welfen klamm waren, kaufte Menge ihnen die Herrenhäuser Gärten ab, bis auf das Mausoleum.

Er selbst und andere Stadträte erwarben Grundstücke in der Gartenstadt Kleefeld, die mit dreimal mehr Zuschüssen gefördert wurden als der Bau von Arbeiterwohnungen. Der Skandal verlief sich mit den Problemen der Weltwirtschaftskrise. Während der Nazi-Zeit schaffte Menge es, als einer von deutschlandweit sieben nicht nationalsozialistischen Oberbürgermeistern, im Amt zu bleiben. Menge war eben immer Menge. Parteipolitisch legte er sich nicht fest. In seiner Verwaltung sorgte er für Zucht und Ordnung: Als die Nazis 1933 aufräumen wollten, gab es für sie nicht mehr viel zu entlassen. Menge wird nachgesagt, dass er 1945 im Rahmen der »Aktion Dobermann« Hannover aus dem deutschen Staatsverband herauslösen und im engen Anschluss an Großbritannien regiert sehen wollte.

Im Stadtteil Waldhausen erinnert auf einem höher gelegenen Rondell innerhalb einer Grünfläche ein Brunnen an den Politiker. Er ist ein Spätwerk des gebürtigen Münchner Professors Ludwig Vierthaler, der 1945 den Bund Bildender Künstler in Norddeutschland gründete. Drei glitschige Fische mit vermenschlichten Augen springen um eine Kugel, winden sich umeinander und speien Wasser aus einem Rohr, das unten aus dem After und oben aus dem Rachen ragt. Hechte im Karpfenteich, drei Seelen, die in einer Brust schlagen? Welche Assoziationen der Künstler mit diesem Brunnen hervorrufen wollte, ist nicht bekannt. Vielleicht hilft das Wirken des ehemaligen Oberbürgermeisters bei der Interpretation weiter.

Adresse Vierthaler Weg, 30519 Hannover-Waldhausen | ÖPNV Stadtbahnlinie 1, 2 oder 8, Haltestelle Döhrener Turm | Tipp Direkt dahinter befindet sich die Güntherstraße mit den prächtigsten Villen Waldhausens. Die vielseitig gestalteten Fassaden und Vorgärten laden zum Spazierengehen und Bewundern ein.

9 Der Asphaltstollen

Gedenkstätten für Opfer und Befreier

Der Heisterberg in Ahlem ist eine Erhebung, die es »in sich« hat. 1842 wurde hier erstmals Asphaltgestein abgebaut. Die gute Qualität sprach sich herum, und schon bald wurden mit dem Stampfasphalt aus Ahlem die Straßen in Weltmetropolen von Berlin bis New York beschichtet. Wegen der gestiegenen Nachfrage verarbeitete man Asphalt aus Sizilien und Trinidad. Man wechselte im Akkordtempo vom Tage- in den Tiefbau und trieb tiefe Gänge in den Berg – bis zur Werksstilllegung 1926.

Während des Zweiten Weltkrieges dienten Teile der Anlage als Bunker, andere richtete man als bombensichere Produktionsstätte für die Continental Gummiwerke her. Dazu verlegte man im Dezember 1944 das Konzentrationslager der Continental in Stöcken hierher – eins von insgesamt sieben Außenlagern des KZs Neuengamme, die an allen Seiten von Hannover entstanden waren. Im zwölfstündigen Schichtbetrieb brachten die Häftlinge trotz großer Kälte, Nässe und unzureichender Ernährung rund um die Uhr Gestein mit schweren Loren aus den Stollen. Kurz vor Kriegsende trieb man die »marschfähigen« Häftlinge auf einen Todesmarsch nach Bergen-Belsen. Nur die etwa 200 Kranken blieben zurück. Am 10. April wurden sie von amerikanischen Truppen befreit, mit dabei der spätere Außenminister Henry Kissinger.

In unmittelbarer Nähe zum ehemaligen Lagergelände steht seit 1994 eine Gedenkstätte. Zuerst fallen die scheinbar sinnlos in den Himmel ragenden Schienen und Träger auf, die zum symbolischen Stolleneingang führen. Dieser ist an den Seiten mit Asphaltplatten ausgekleidet, die sich im spitzen Winkel treffen. Sieht man genauer hin, entdeckt man Hände, Buchstaben oder Bilder. Engagierte Bürger gestalteten das unebene Material zwischen 1987 und 1994. Auf zwei Kupferstelen stehen die Namen von Opfern des KZs. Schüler des Schulzentrums Ahlem haben die Patenschaft für das Mahnmal übernommen.

Adresse Heisterbergallee, 30453 Hannover-Ahlem | ÖPNV Stadtbahnlinie 10, Haltestelle Ahlem | Öffnungszeiten immer geöffnet | Tipp Genau daneben liegt auf exterritorialem Gebiet Großbritanniens der »Hannover War Cemetery«. Opfern und Befreiern wird hier in enger Nachbarschaft gedacht.

10 Das Aspria

Der schönste Blick über den Maschsee

Der Aspria Club gehört zu den »World's finest Spas«, ausgezeichnet durch Condé Nast Johansens. Weltstädtische Atmosphäre ist das Kennzeichen dieser Wellnessoase. Egal, ob man im türkischen Hamam, im Dampfbad, dem Banja, der Erdsauna oder der Finnischen Sauna geschwitzt hat, im Anschluss sucht man gerne den tropischen Bambusduschgarten auf, ruht im Kaminzimmer oder im Saunagarten am See. Verwöhnen lassen kann man sich in den asiatisch inspirierten Spa-Behandlungsräumen. An der Bar und im Restaurant wird für das leibliche Wohl gesorgt.

Ein unvergessliches Erlebnis ist es, im Innen- oder im Außenpool seine Bahnen zu ziehen, immer mit direktem Blick zur Wasseroberfläche des Maschsees, die zu jeder Jahres- und Tageszeit ein anderes Licht reflektiert. Fest steht: Nirgendwo ist die Aussicht auf Hannovers beliebten Haussee schöner als hier.

1876 gab es die ersten Pläne, auf dem Gelände der Maschwiesen einen See anzulegen. Man neidete den Hamburgern seit Langem die Alster. Vom Wunsch bis zur Tat verging viel Zeit. Das Geld war nach dem Rathausbau knapp. 1934 wurde propagandistisch am »Großkampftag der Arbeitsschlacht« mit dem Bau begonnen. Zwei Jahre später öffnete die »Volksbadeanstalt« ihre Tore. Bei gutem Wetter kamen mehr als 17.000 Gäste zum Maschsee. Selbst zur Zeit des Bombenkrieges auf Hannover strömte man hierher. Bei Fliegeralarm flüchteten die Besucher in Schutzräume, nach der Entwarnung badete man weiter.

Ende der 70er Jahre dümpelte das Strandbad vor sich hin, und die Stadt gab die Betreuung an den DLRG ab. Aber auch das brachte keine Änderung. Die Bedürfnisse der Badegäste hatten sich geändert. Investoren für einen Neuanfang wurden gesucht. Das gestaltete sich fast so schwierig wie der Bau selbst. Mittlerweile ist das alles Schnee von gestern, und nichts erinnert mehr an den Mief der Massenumkleideräume von einst.

Adresse Rudolf-von-Bennigsen-Ufer 83, 30519 Hannover-Südstadt, Tel. 0511/89979700, www.aspria-hannover.de | ÖPNV Vom Hauptbahnhof mit der Stadtbahnlinie 1, 2 oder 8, Haltestelle Döhrener Turm. Vor der Bahnbrücke biegen Sie rechts in die Riepestraße und gehen dann bis zum Ende der Straße. | Öffnungszeiten Mo–Fr 6.30–22 Uhr, Sa, So und Feiertage 8–20 Uhr, bitte beachten Sie die separaten Nutzungszeiten für den Spa-Bereich | Tipp Wer den grandiosen Blick über den Maschsee mit einem lukullischen Highlight verbinden möchte, sollte sich einen Tisch im Restaurant »Insel Beach Club« reservieren, Rudolf-von-Bennigsen-Ufer 81,www.inselbeachclub.de.

11 Die Bethlehemkirche

Der Turm ruft

1906 vollendete der Architekt Karl Mohrmann die Bethlehemkirche. Sie gilt als bedeutendes Beispiel sakraler Architektur der Kaiserzeit. Insgesamt weist sie einen munteren Mix vom Romanischen bis zum Neu-Romantischen auf, nur von der damals vorherrschenden Backstein-Gotik ist nichts zu sehen. Dafür beeindruckt der dreigliedrige Turm umso mehr. Der Architekt hat versucht, den zahlreich in den Himmel strebenden Schornsteinschloten des Viertels etwas entgegenzusetzen. Manche behaupten, es sei ihm eigentlich darum gegangen, mit dem »Lindener Dom« die Marktkirche zu übertrumpfen. Wie auch immer, die Bethlehemkirche gilt als »überregional bedeutsames und hochrangiges Baudenkmal von nationaler Bedeutung« – und zwar von den Verzierungen der Bänke bis zum Radleuchter aus Messing im Altarraum.

Wenngleich die Mitgliederzahl der Gemeinde mittlerweile von über 25.0000 auf 5.000 gesunken ist, hat das Gotteshaus viele begeisterte Anhänger – die allerdings nicht zum Beten hierherkommen: 1997 wurde hier die erste Kletterkirche Deutschlands ins Leben gerufen, und an der Außenfassade des Turms wurden farblich zum Mauerwerk passende Aufstiegshilfen angebracht. Es gab regelmäßige Kletternachmittage für Kinder und Eltern, im Inneren wurde ein Hochseilgarten angelegt. Mutige konnten sich von der Turmspitze abseilen. Nach der Renovierung müssen nun die neuen Auflagen der Brandschutzverordnung umgesetzt werden. Solange »ruft« der Turm nicht. Aber alle hoffen, dass es bald wieder losgeht.

Der Turm ist auch in anderer Hinsicht beliebt. Mauersegler umschwärmen ihn tagsüber und nisten in Steinspalten. Ein Turmfalkenpärchen fühlt sich hier heimisch und bevorzugt seit Jahren die Glocke als Sitzplatz. In der Adventszeit leuchtet auf dem mittleren und höchsten Turmhelm der »Stern von Bethlehem«. Die Bethlehemkirche war eine der ersten elektrisch beleuchteten Kirchen Deutschlands.

Adresse Bethlehemplatz 1, 30451 Hannover-Linden-Nord, Tel. 0511/9239970, www.kirche-in-linden.de | **ÖPNV** Stadtbahnlinie 10, Haltestelle Ungerstraße | **Öffnungszeiten** So 10 Uhr, jeden 2. So im Monat 17 Uhr. Das Gemeindebüro öffnet die Kirche zu anderen Zeiten nach tel. Vereinbarung | **Tipp** Über die Noltestraße geht es in die Liepmannstraße 7b. Im Keller des Fössebads gibt es Newcomer- und Undergroundkonzerte, Disco-Totalabende, Krökelturniere, Science Slams und vieles mehr, www.beichezheinz.de.

12 Der Blaue Faden

Highlights der Calenberger Neustadt

Der »Blaue Faden« kreuzt am Duve-Brunnen den »Roten«. Folgt man ihm, lernt man 38 besondere Plätze in der von Leine, Ihme und Schnellem Graben umrahmten Calenberger Neustadt kennen, die allein 24 Brücken zählt.

Erwachsen aus einer mittelalterlichen Siedlung vor den Toren der Altstadt, erlebte die Calenberger Neustadt ihre Blüte mit Hannovers barocker »Glanzepoche« im 17. und 18. Jahrhundert. Infolge der hier herrschenden Religionsfreiheit entstanden auf der »Straße der Toleranz« vier verschiedene Gotteshäuser: die im venezianischen Stil errichtete römisch-katholische Propsteikirche St. Clemens, die reformierte Kirche, die Synagoge und die Neustädter Hof- und Stadtkirche St. Johannis. In Letzterer befindet sich die Ruhestätte von Gottfried Wilhelm Leibniz (1646–1716). Angeblich. Fast vergessen hatte er unter einer der 200 Sandsteinplatten gelegen, als der Geniekult des 18. Jahrhunderts nach seiner Grabstätte verlangte. Die richtige Steinplatte war schnell gefunden und bekam die Aufschrift »Ossa Leibnitii« (Leibniz' Gebeine). Niemand wollte sich schließlich nachsagen lassen, die Gebeine des Universalgenies verschlampt zu haben. Die Zweifler verstummten jedoch nicht, und das Grab wurde im Laufe der Jahrhunderte mehrmals geöffnet. 1957 fand die Umbettung von Leibniz in eine an den Altarraum angrenzende Seitennische statt. Allzu pietätvoll scheint man dabei nicht gewesen zu sein. Bei der letzten Öffnung im Jahr 1992 entdeckte man eine leere Flasche »Gilde hell« in der Gruft. Ein Bauarbeiter hatte sie dort vergessen. Oder war es eine hintersinnige Botschaft: Das Grab »Gildet nicht«?

In der durch den Massenmörder Haarmann bekannten »Roten Reihe« liegt das Geburtshaus von Heinrich Rühmkorff. Er zeigte 1855 auf der Weltausstellung in Paris seine Erfindung eines Funkeninduktors. Aus Gleichspannung von 15 Volt konnte eine pulsierende von 100.000 Volt erzeugt werden.

Adresse Hof- und Stadtkirche St. Johannis, Rote Reihe 8, 30169 Hannover-Calenberger Neustadt | ÖPNV Stadtbahnlinie 10, Haltestelle Glocksee; der Calenberger Straße bis zum Ende folgen | Tipp An der Nordostseite des Neustädter Kirchhofs befindet sich das »Echo II« von Josef Semah. Die Stahlplatten sollen an die abgebrannte Synagoge an der »Roten Reihe« erinnern.

13 Die Blaue Lagune

Das Campan und die Fossiliensammler

Am Ende der Hägenstraße kann man von einem Erdwall aus das milchig blau schimmernde Wasser der »Blauen Lagune« vor weißen Kreidewänden sehen. Karibisches Flair in Anderten. Es gilt: Gucken ja, baden nein. Die noch in Betrieb befindliche Mergelgrube der Heidelberg Cement AG hat noch für die nächsten Jahrzehnte Abbaugenehmigungen, hier ist kein Badebetrieb erlaubt.

Entstanden ist das Mergelgestein vor mehr als 70 Millionen Jahren aus einem Kreidemeer. Ende des 19. Jahrhunderts entdeckte man den Kalkmergel als wichtigen Rohstoff für die Zementherstellung der hungrigen Baubranche. Bauunternehmen und Handwerker schrien nach Material. Seitdem wird hier auf über 300 Hektar Mergel abgebaut und zu Zement gebrannt.

Auf den Abbauflächen und an den Rändern lassen sich in den Ablagerungen aus dem Campan-Meer Fossilien finden. Immer wieder samstags kann man hier Menschen beobachten, die mit Spitzhacke und Hammer bewaffnet in der Ödnis von Schotter und verschlammtem Mergel nach versteinerten Resten von ehemaligen Meerestieren wie Ammoniten, Donnerkeilen, Muscheln, Seeigeln oder Schwämmen suchen. Wer fündig geworden ist, darf seinen Schatz behalten – in Niedersachsen kann man im Unterschied zu anderen Bundesländern die viele Millionen Jahre alten Naturwunder mit nach Hause nehmen. Aus ganz Deutschland und sogar aus den Nachbarländern kommen deshalb Sammler auf der Jagd nach Fossilien hierher.

Interessant sind auch die Begehungen auf dem renaturierten Gelände der Hannoverschen Portland Cement in Hannover-Misburg. Von einer über dem Grubenrand schwebenden Aussichtskanzel hat man einen atemberaubenden Blick auf das »ausgeschöpfte« Abbaugebiet, in dem sich kleine Wasserläufe und Tümpel befinden. 177 verschiedene Pflanzenarten sind hier nachgewiesen. 45 von ihnen stehen auf der »Roten Liste« und gelten als gefährdet.

Adresse Hägenstraße, 30559 Hannover-Anderten | **ÖPNV** S-Bahn-Linie 3, Haltestelle Bahnhof »Misburg/Anderten«; danach rechts in die Höversche Straße, 2. links abbiegen in die Hägenstraße, gut 30 Minuten Fußmarsch | **Öffnungszeiten** Das Gelände darf im Sommerhalbjahr samstags mit Genehmigung der Heidelberg Cement AG betreten werden, 0511/5869255; Exkursionen des Arbeitskreises Paläontologie Hannover (APH) über Daniel Säbele, Tel. 0174/4402684, saebele@t-online.de (siehe auch www.ap-h.de) | **Tipp** Das European Cheese Center, das ECC, ist das einzige Schulungs- und Veranstaltungszentrum seiner Art in Europa. Das Museum zeigt die Vielfalt der europäischen Milchprodukte, www.cheesecenter.de.

14 Das Blindenmuseum

Gelassenheit am musikalischen Gully

Betritt man das Gelände an der Bleekstraße in Kirchrode, hat man das Gefühl, in einer anderen Welt zu sein. Ungewohnte Ruhe und Gelassenheit strömen dem Besucher aus den alten Gebäuden entgegen, unterbrochen nur durch die Rhythmen aus dem musikalischen Gully, der die Schritte der blinden Schüler lenken soll. 70 Jugendliche aus ganz Niedersachsen leben in den Internatsgebäuden, 100 weitere kommen zum Lernen hierher.

1843 begann der Unterricht für sechs blinde Kinder in einer angemieteten Gartenlaube. 1845 wurde die erste Blindenanstalt in der Hildesheimer Straße eröffnet. König Ernst August wie auch sein Sohn Georg, der spätere letzte König von Hannover, unterstützten die Einrichtung auch aus persönlichen Gründen: Georg V. verlor als Kind durch Krankheit die Sehkraft auf einem Auge. Später erblindete er nach einem Unfall ganz. Ungestüm hatte er eine metallene Geldbörse herumgeschleudert und dabei sein gesundes Auge getroffen. Ernst August von Hannover setzte sich daraufhin vehement für die Bildung von Menschen ohne Sehvermögen ein und dafür, dass sein Sohn trotz seiner Behinderung König werden konnte.

Anlässlich der 150-Jahr-Feier wurden in dem ehemaligen Singsaal der Schule Tausende Exponate zusammengetragen. Sie zeigen, welchen Weg die Blindenbildung von ihren Anfängen bis heute genommen hat. Das von Louis Braille entwickelte und nach ihm benannte Punktschriftsystem nimmt eine zentrale Rolle in der Sammlung ein. Man kann diese Punkte auf Globus, Wappen oder Straßenkarte ertasten, Bücher in Punktschrift werden gezeigt, genau wie Atlanten. Unter Anleitung darf man auf dem Braille-Writer Wörter in Blindenschrift schreiben. Interessant ist auch ein Computer mit einer speziellen Punktschriftzeile, mit deren Hilfe blinde Menschen Zugang zum Internet finden.

Es gibt in Deutschland nur noch in Berlin ein Museum dieser Art.

Adresse Bleekstraße 22, 30559 Hannover-Kirchrode | ÖPNV Stadtbahnlinie 1, 2 oder 8 zum Aegidientorplatz, umsteigen in Stadtbahnlinie 5, Haltestelle Bleekstraße; 600 Meter weitergehen | Öffnungszeiten Führungen während der Schulzeit am Di nach Vereinbarung, Tel. 0511/52470, oder während öffentlicher Veranstaltungen wie dem Sommer- oder Herbstfest | Tipp Auf dem Rückweg die Tiergartenstraße überqueren und zum Annateich gehen. Der See wird vom Fischereiverein Hannover als Angelgewässer genutzt.

15 Die Brandkasse

Die Mutter aller Versicherungen

Die modernen Gebäude der VGH lassen den traditionsreichen Hintergrund des Unternehmens nicht erahnen. Schon eher die Fassadenrelikte von 1890 in den Katakomben der fünften Minusetage. Oder das Leuchtkunstwerk des Konzeptkünstlers Joseph Kosuth über dem Eingangsbereich. Er verwendet ein Zitat von Leibniz, das nun den Weg zur »Brandkasse« weist. Kein Zufall. Leibniz träumte von einer »Assecurations-Casse«, um den Menschen bei Feuerschäden zu helfen. Geteiltes Leid ist halbes Leid. Die Idee versandete jedoch beim Kurfürsten. Der Abt des Klosters Loccum, Georg Ebell (1696–1770), gleichzeitig der »Erste Landstand« im Fürstentum Calenberg, nahm Jahrzehnte später ähnliche Vorschläge begeistert auf. Bekamen »Abgebrannte« bis dahin als einzige Hilfe einen »Brandbrief«, um betteln zu dürfen, sollten die Versicherten von nun an Schadensersatz bekommen.

Gründerin der »Brandkasse« war die »Calenberg-Grubenhagensche Landschaft«, deren Steuerbeamte die Gebühren der ausgestellten Policen »en passent« eintreiben konnten. Sie hatten auch die Mittel, um im Schadensfall einzuspringen. 1750 wurde die »Brand-Assecurations-Sozietät« gegründet. Vorsitzender war der Abt zu Loccum. Weitere »Landschaften« folgten und schlossen sich ab 1850 zur »Landschaftlichen Brandkasse Hannover« zusammen. Aus Tradition ist der Ausschussvorsitzende seit 250 Jahren der Abt des nunmehr 850 Jahre alten Klosters Loccum.

Die roten Emailleschilder mit dem springenden Ross, dem Markenzeichen der VGH, beziehen sich auf das Wappen der Calenberg-Grubenhagenschen Landschaft. Man brachte sie am Haus an, um zu zeigen, dass man Mitglied bei der Mutter aller Versicherungen war. Noch heute ist die VGH eine Versicherungseinrichtung ohne Eigentümer. Es gilt das Prinzip der Gegenseitigkeit. Man gibt Überschüsse an die Versicherten zurück und fördert mit der VGH-Stiftung gemeinnützige Projekte.

Adresse Schiffgraben 4, 30159 Hannover-Mitte | **ÖPNV** In circa 10 Gehminuten zur Hauptverwaltung oder mit der Stadtbahnlinie 1, 2, 8, 10 und 17 zum Aegidientorplatz | **Tipp** Haus im Tudorstil: Auf der Rückseite des Opernplatzes ließ sich die Calenberg-Grubenhagensche Landschaft 1846 ihren Sitz bauen. Seit 1923 teilt sie sich das Haus mit der Börse Hannover.

16 Die Brezelmänner

52 Zähne erobern die Welt

1910 fertigte der in Linden geborene Georg Herting »Die Brezelmänner« für das neue Bahlsen-Gebäude. Die nackten Jungs mit den güldenen Schöpfen tragen in einer Brezel einen vergoldeten Leibniz Keks. Im Januar 2013 wurde dieser gestohlen, ein Erpresser im Krümelmonster-Kostüm verlangte Kekse als Lösegeld. Das Wahrzeichen an der Vorderfront des Jugendstilhauses versinnbildlicht den kometenhaften Aufstieg Bahlsens. Er begann 1889, als der Jungunternehmer aus London zurückkam, wo er als Zuckerimporteur zu Geld gekommen war. Deutschland steckte in den Gründerjahren. Bahlsen ist 30, hat vom Backen wenig Ahnung – und entscheidet sich trotzdem dafür, mit dem frisch verdienten Vermögen ein finanziell angeschlagenes Fabrikgeschäft für englische Backwaren in seiner Heimatstadt zu erwerben. Anfangs verkauft er genau wie die Konkurrenz das Gebäck lose aus der Tonne. Seine Mitarbeiter entwickeln nach seinen Anweisungen eine neue Rezeptur. Das ist die Geburtsstunde der »Cakes« mit den unverwechselbaren 52 Zähnen. Bahlsen wollte, dass seine Buttercakes einen bedeutsamen Namen tragen. Die Wahl fiel auf Gottfried Wilhelm Leibniz, der lange Jahre in Hannover lebte. Er war Philosoph, Wissenschaftler und Mathematiker, kurz: eines der letzten Universalgenies. Ab 1898 galt der Slogan: »Was ißt die Menschheit unterwegs? Na selbstverständlich Leibniz Cakes!«

1905, noch vor den Amerikanern, wurde der Produktionsprozess mit Hilfe eines Fließbands in seiner Fabrikhalle vereinfacht. Schon bald reiste Bahlsen mit seinen »Leibniz Cakes« zur Weltausstellung nach Chicago. Prompt gewannen sie wegen des feinen Buttergeschmacks die Goldmedaille. 1911 richtete Bahlsen einen Musterladen mit Schaufenster im neuen Verwaltungsgebäude ein. Von nun an passten sich die Cakes der Aussprache der hannoverschen Konsumenten an. »Keks« fand schon wenig später Eingang in den Duden.

Adresse Podbielskistraße 11, 30163 Hannover-List | ÖPNV Stadtbahnlinie 3, 7 oder 9, Haltestelle Lister Platz | Tipp Ein paar Meter weiter fängt die Lister Meile an und lädt zum Bummeln ein.

17 Das Buchdruck-Museum

Fast vergessene Techniken

Wir leben in der digitalen Welt. Smartphones und Computer sind für fast alle selbstverständlich. Auch Zeitungen und Bücher werden zunehmend digital gelesen. Das Buchdruck-Museum in Linden wurde 2002 gegründet, um das nahezu verschwundene Fachwissen der Buchdruckerkunst zu erhalten.

Im Laufe der Jahrhunderte hat sich bei den Schriftsetzern und Buchdruckern eine eigene Fachsprache entwickelt, die von Außenstehenden nur schwer verstanden wird. Wer wissen möchte, was sich hinter den Begriffen Zwiebelfisch, Hurenkind, Bengel oder Frosch verbirgt, ist hier genau richtig.

Vor über 15 Jahren taten sich ehemalige Setzer, Drucker und Buchbinder zusammen und gründeten den »Verein schwarze Kunst e.V.«. Zusammen versucht man in der Werkstatt eines Hinterhauses die alten Traditionen, Arbeitsweisen und sogar die eigene Sprache von Buchdruckern und Schriftsetzern lebendig zu erhalten.

In der unteren Etage sind alte Maschinen zu sehen, wie eine Linotype aus dem Jahr 1886, alte Druckpressen, Setzkästen und vieles mehr. In der oberen Etage befindet sich ein liebevoll gestalteter Raum für Vorträge. Doch die Geschichte und Theorie steht nicht im Vordergrund. Das Museum versteht sich als aktive Einrichtung. Was ausgestellt wird, darf nicht nur berührt werden, genau dies ist sogar ausdrücklich erwünscht.

Von ehrenamtlichen Mitarbeitern werden Führungen und Workshops angeboten, auf Wunsch sogar über mehrere Tage. Alles ist nach Absprache möglich. Häufig wird der eigene Namen mit den spiegelverkehrten Bleibuchstaben im »Winkelhaken« aneinandergereiht und mit einem Schließrahmen fixiert. Anschließend wird auf einer kleinen Druckmaschine gedruckt. Das können Karten, Lesezeichen oder ganze Seiten sein.

Adresse Hinterhof Limmerstraße 43, 30451 Hannover-Linden | **ÖPNV** Stadtbahnlinie 10, Haltestelle Küchengarten | **Öffnungszeiten** Mi 15 – 19 Uhr oder nach Vereinbarung, Tel. 0511/2208253, www.buchdruckmuseum-hannover.de | **Tipp** Ein Bummel über die Limmerstraße, bekannt fürs abendliche »limmern«, lohnt sich.

18 Das Bundessortenamt

Das Patentamt für Pflanzen

Hannover ist die »Stadt der Gärten« und besteht fast zur Hälfte aus Grünflächen. Kein Wunder, dass das Bundessortenamt 1949 in Rethmar angesiedelt wurde und seit 1980 seinen Sitz in Groß Buchholz hat. Die selbstständige Bundesoberbehörde sorgt als Pflanzen-Patentamt für »Sortenschutz«. Die Wahrung geistigen Eigentums bei Pflanzenneuzüchtungen gilt als Garant für Züchtungsfortschritt. Erst wenn das Amt eine Pflanze für Landwirtschaft und Gartenbau zugelassen hat, darf produziert und verkauft werden.

In Hannover kümmert man sich im Prüfungsanbau vor allem um neue Zierpflanzensorten von A wie Ageratum über R wie Rosen bis U wie Usambaraveilchen. Austrieb, Blüte, Blütenfarbe – alles wird genau gemessen, überprüft und festgehalten. Dazu hat sich im Laufe der Jahre ein einheitliches Sortenprüfungsverfahren entwickelt, mit vergleichbaren Standards im Bereich von Unterscheidbarkeit, Homogenität, Beständigkeit und Neuheit. Die Pflanzen einer Neuzüchtung werden mit ähnlichen Sorten derselben Art angebaut und »boniert«. So nennt man die Erhebung von pflanzlichen Merkmalen, um die einzelnen Typen genau beschreiben zu können. Bevor zum Beispiel die Neuzüchtung einer weißen Rose geschützt wird, muss sichergestellt sein, dass die Sorte auch wirklich »neu« ist. Im Anbau muss sie sich von allen anderen weißen Rosen in mindestens einem Merkmal deutlich unterscheiden. Zweitens müssen alle Pflanzen dieser Sorte einheitlich und drittens das neue Merkmal beständig sein. Auch muss die neue Sorte einen Namen tragen, der sie unverwechselbar macht.

An zwölf Standorten werden auf etwa 125.000 Parzellen bis zu 50 Merkmale an Pflanzen bestimmt. In der Zentrale in Hannover kommen jährlich 20 Millionen Einzelinformationen zusammen, die man hier auswertet und speichert. Im Saatgutlager bewahrt man Saatgutmuster von 7.800 Gemüse- und landwirtschaftlichen Sorten gekühlt und vakuumverpackt auf.

Adresse Osterfelddamm 80, 30627 Hannover-Groß Buchholz, Tel. 0511/956650, E-Mail: info@bundessortenamt.de | **ÖPNV** Stadtbahnlinie 3, 7 oder 9, Haltestelle Noltemeyerbrücke, weiter mit Buslinie 125, Haltestelle Haberhof | **Öffnungszeiten** Besuchsmöglichkeiten nach telefonischer Absprache | **Tipp** Dem Osterfelddamm über die Pasteurallee bis zum Mittellandkanal folgen, dort befindet sich seit 1997 eine neue Stabbogenbrücke mit orthotroper Fahrbahnplatte, ein Beispiel moderner Stahlbrückenbautechnik.

19 Der Busstopp

Reden ist Silber, Schweigen ist Gold

Wartet man an der Haltestelle der Stadtbahnlinie 9 in der Nieschlagstraße, kommt einem immer wieder Unerwartetes zu Ohren. Das können gesummte Lieder sein, die nicht unbedingt den Ton treffen, oder intime Berichte der letzten Nacht, die eigentlich nur für die beste Freundin am anderen Ende der Telefonleitung gedacht waren.

Die aufgeschnappten Geständnisse oder Belanglosigkeiten haben ihre Ursache weder im Alkoholkonsum der Wartenden, noch sind sie der Tages- oder Nachtzeit oder gar dem Wetter geschuldet. Das Geheimnis liegt in der Schallübertragung der Wartehäuschen: Vier metallene Kugelkalotten, auch Lauschkalotten genannt, stehen sich versetzt gegenüber. Sie sind so aufeinander ausgerichtet, dass sie die Töne sogar über eine Länge von bis zu 40 Metern gegenseitig reflektieren. Unscheinbar und effizient. Aber nicht im Auftrag staatstragender Organisationen, sondern im Namen der Kunst.

Im Rahmen des Projektes »Kunst im öffentlichen Raum« entstanden zwischen 1990 und 1994 zwölf offene Wartehäuschen für die üstra, die sogenannten »BUSSTOPs«. Der Auftrag an die Künstler lautete, »Kunst als außergewöhnlichen Teil einer gewöhnlichen Dienstleistung« zu schaffen. So hat Frank O. Gehry am Braunschweiger Platz einen Busstopp aus grünen und weißen Schuppen geschaffen, ein Reptilienpanzer als Hommage an die sich gegenüber befindliche Tierärztliche Hochschule. Warum der Kölner Design-Professor Wolfgang Laubersheimer ausgerechnet im Herzen von Linden eine öffentliche Lauschaktion in Szene gesetzt hat, bleibt unklar. Mühelos klar kann jedoch das gesprochene Wort im gegenüberliegenden Wartehäuschen verstanden werden. Kein Wunder, dass sich viele der auf Bus und Bahn Wartenden nur anlächeln und schweigen. Man kann ja nie wissen – das Motto von Kurt Schwitters' Grabstein auf dem Engesohder Friedhof kann in Linden einmal mehr angewendet werden.

Adresse Egestorffstraße, 30449 Hannover-Linden-Mitte | **ÖPNV** Stadtbahnlinie 9, Haltestelle Nieschlagstraße | **Tipp** Liebe geht durch den Magen: Im »Zwiespalt« in der Egestorffstraße 10 kann der Fleischliebhaber mit der Vegetarierin nach Herzenslust in XXL- und Normal-Portionen von Tofu bis Schnitzel schwelgen.

20 Cella Sankt Benedikt

Ora et Labora in der List

Von vielen Anwohnern unbemerkt entfaltet sich seit über 20 Jahren benediktinisches Klosterleben mitten in der List. 1988 wurden die Brüder der Benediktinerabtei Königsmünster von Meschede nach Hannover ausgesendet, um zeitgemäße Formen für den Klosteralltag im Kontext einer Großstadt zu entwickeln. Fünf Brüder leben seitdem in der Voßstraße nach den Regeln, die der heilige Benedikt im 6. Jahrhundert aufstellte und die noch heute für alle Mönche und Nonnen, die sich Benediktiner nennen, gelten; egal, ob sie in Afrika, Asien, Südamerika oder eben in Hannover Gott suchen.

Es ist ein Leben zwischen den Spannungspolen Einsamkeit und Gemeinschaft, Engagement und Beschaulichkeit. Das Wort »Mönch« stammt aus dem Griechischen und bedeutet so viel wie »allein«. Ein Mönch soll mit sich allein im Einklang sein können und sich zugleich fremden Menschen öffnen und Gastfreundschaft pflegen. In meditativen Momenten verbindet er sich mit Gott und sammelt innere Kraft, um sich für andere zu engagieren. Äußerlich und innerlich soll er beweglich bleiben und sich gleichzeitig bewegen lassen. Die Disziplin des Gelübdes hilft ihm, zwischen diesen Polen zu pendeln. Die drei benediktinischen Grundpfeiler sind Beständigkeit, klösterlicher Lebenswandel und Gehorsam.

Das versuchen die Mönche nicht nur in ihren Gottesdiensten zu zeigen. Sie engagieren sich auch außerhalb des Gebetsraums in Bereichen von Logopädie bis Aids-Beratung und kommen mit ihren Mitmenschen ins Gespräch.

In das Klostergebäude wurde 2011 eine geweihte Kirche gebaut, deren räumliche Gestaltung sich durch große Klarheit auszeichnet. Das Kreuz zieht alle Blicke in der Apsis auf sich, während der Raum sich rechterhand durch eine hellschimmernde Alabasterwand von der Straße abgrenzt. Neben Gottesdiensten werden auch Workshops angeboten, wie kontemplatives Zeichnen oder Meditationsabende.

Adresse Voßstraße 36, 30161 Hannover-List, www.cella-sankt-benedikt.de | **ÖPNV** Buslinie 128, Haltestelle Jacobistraße/Voßstraße | **Tipp** In der Voßstraße 39 befindet sich seit über 70 Jahren das »Plümecke«. Hier soll es angeblich die beste Currywurst der Stadt geben. Altkanzler Schröder war als aufstrebender Politiker ein häufiger Gast.

21 Das Clementinenhaus

Ein Herz für Kranke

Der Name Clementinenhaus leitet sich von »clementina dei« ab, was »Sanftmut Gottes« bedeutet. Gründerin ist Olga von Lützerode, 1836 in St. Petersburg als Tochter des sächsischen Gesandten und seiner Frau geboren. Olga ist 30, als sie ein Schlüsselerlebnis hat. Ganz in ihrer Nachbarschaft bricht eine Scharlach-Epidemie aus. Entsetzt muss sie mitansehen, wie die Kranken mit Unverstand gepflegt werden: Statt einem Mann Salbe aufzutragen, soll er ein Wundpflaster kauen. Solche Erlebnisse bestärken Olga in ihrem Entschluss, eine Ausbildung zur Krankenpflegerin zu absolvieren. Sie geht zu Professor von Esmarch nach Kiel. Im Anschluss wird sie 1875 gebeten, nach Hannover zu kommen, um dort in der Krankenpflege zu arbeiten. Sie sagt zu, aber: Olga von Lützerode möchte sich ohne Unterschied um Reiche und Arme kümmern, wohl wissend, dass dieses Vorhaben nur mit einer gut ausgebildeten und organisierten Schwesternschaft zu schaffen ist. Ihr Ehrgeiz hat sie gepackt, und so gründet sie 1875 die »Krankenpflegerinnen-Anstalt zu Hannover«, finanziert mit ihrem eigenen Geld.

Das Clementinenhaus wird 1887 hinter dem Welfenplatz gebaut. Seine Backsteinarchitektur rundet das Militärensemble mit den in Rot- und Gelbtönen gehaltenen Ziegeln ab. Architekt Otto Lüer war Anhänger seines Berufskollegen Conrad Wilhelm Hase; sein Bruder, Johann Heinrich Wilhelm, galt gar als einer der begabtesten Schüler des Gründers der »Hannoverschen Architekturschule«, die im In- und Ausland Beachtung fand.

Die Schwestern sind dem »Rothen Kreuz« unterstellt und versuchen, durch effektive Pflege den Gesundungsprozess zu beschleunigen. Damals wie heute. Über 400 Mitglieder gehören zur DRK-Schwesternschaft Clementinenhaus. 2003 erhält das »Clemi« als erstes Krankenhaus in Deutschland die Urkunde »Verpflichtung zur Excellence« bei der Qualitätszertifizierung. Es hätte Olga von Lützerode gefreut.

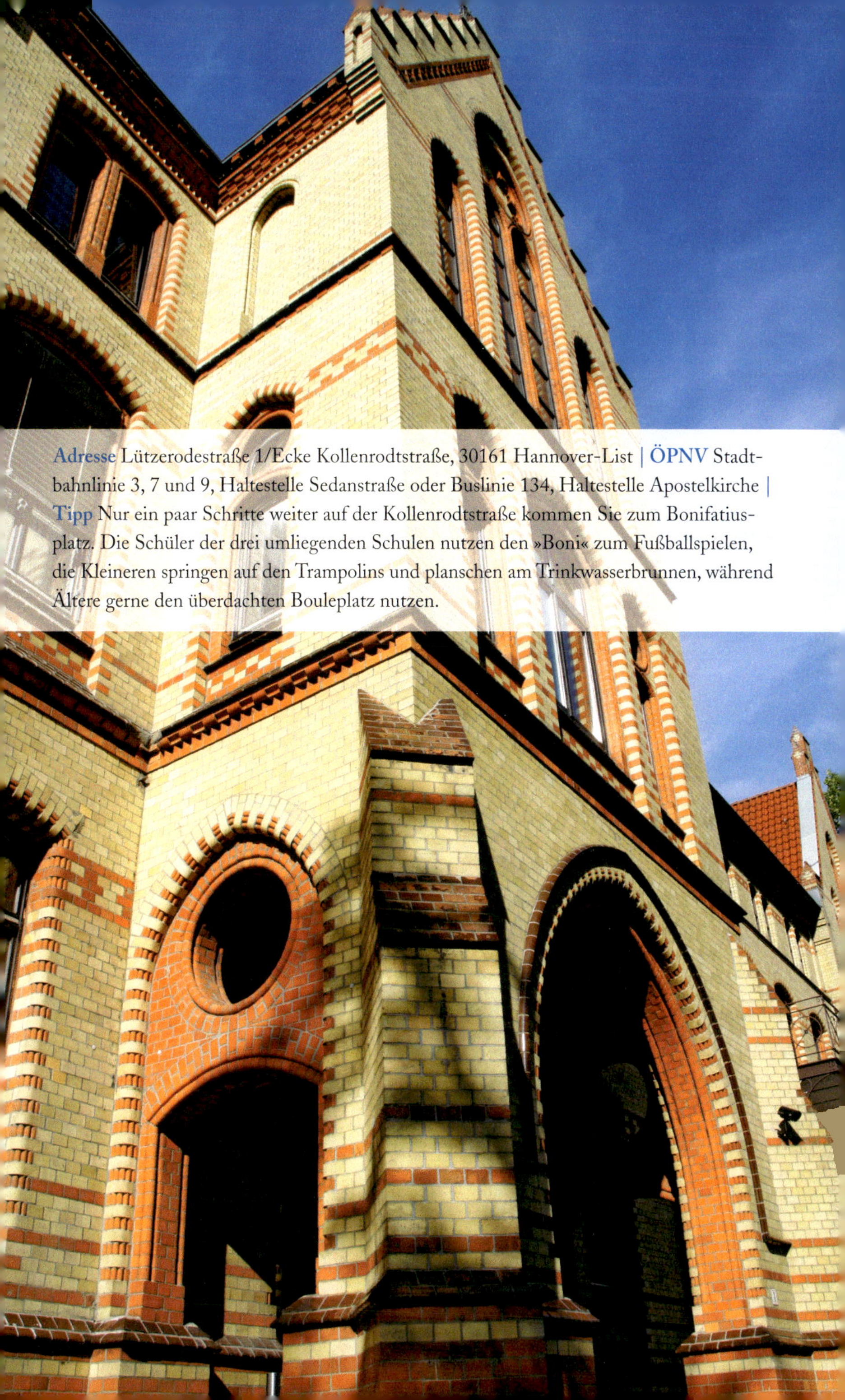

Adresse Lützerodestraße 1/Ecke Kollenrodtstraße, 30161 Hannover-List | **ÖPNV** Stadtbahnlinie 3, 7 und 9, Haltestelle Sedanstraße oder Buslinie 134, Haltestelle Apostelkirche | **Tipp** Nur ein paar Schritte weiter auf der Kollenrodtstraße kommen Sie zum Bonifatiusplatz. Die Schüler der drei umliegenden Schulen nutzen den »Boni« zum Fußballspielen, die Kleineren springen auf den Trampolins und planschen am Trinkwasserbrunnen, während Ältere gerne den überdachten Bouleplatz nutzen.

22 Die Cumberlandsche Galerie

Über die Treppe der Nostalgie zur Montagsbar

Montags kommt eine ganz besondere Inszenierung in der Cumberlandschen Galerie auf die Treppenstufen: die Montagsbar. Überraschende Uraufführungen sind hier Programm. Ob Schauspieler oder Techniker, jeder kann seine Ideen hier in den Ring werfen. Die Umsetzungen der spannenden Formate sind sowohl bei agierenden als auch zuschauenden Schauspielern beliebt und halten für das Publikum ungewohnte Nähe zu den Darstellern auf der Treppe und später an der Bar bereit.

Die Treppe verzaubert mit ihrer morbiden Schönheit und hat von königlicher Kunst bis Nazi-Propaganda im Laufe von über 100 Jahren viel gesehen. Sie war einst Teil eines Museums, das 1886 die provozierende Antwort der Welfen auf die Einverleibung ihres Königreichs durch die Preußen war. Ernst August, Herzog von Cumberland und mehr, hielt an seinen Thronansprüchen fest, manifestierte sie geradezu mit dem Bau dieses ambitionierten Prestigeobjekts. Otto Goetze, Vertreter der »Hannoverschen Architekturschule«, verwirklichte hier Eisenkonstruktionsarchitektur par excellence und wetteiferte mit Schinkels »Neuem Museum« in Berlin. Vorne kam der Bau schlicht wie ein Industriebau daher, innen spielten Architektur-Highlights vergangener Epochen miteinander. Hannovers Bau machte damals prompt das Rennen. Dem klassizistischen Berliner Bau fehle jegliche Leichtigkeit, mäkelten Kritiker.

Leider ist vom Gebäude nicht mehr viel übrig geblieben. Erst zerstörten Bomben die Zwischentrakte, dann »moderne« Architektenpläne. Nach 40 Jahren Planung und Standortsuche fürs Schauspielhaus entsorgte man beim Neubau gusseiserne Säulen und zog Trennwände für Kantine und Zweckbauten. Zum Glück ist die wunderschöne Treppenanlage verschont geblieben. Sie bietet jetzt den besonderen Auf- und Abgang für Theater jeder Art, das direkt auf der Treppe selbst, aber auch auf der höher gelegenen Cumberlandschen Bühne aufgeführt wird.

Adresse Prinzenstraße 9 (im Schauspielhaus), 30159 Hannover-Mitte, Tel. 0511/99991111, www.staatstheater-hannover.de | **ÖPNV** Stadtbahnlinie 10, Haltestelle Thielenplatz | **Öffnungszeiten** Montagsbar: Eintritt 20 Uhr, Beginn 21 Uhr | **Tipp** Direkt um die Ecke, in der Sophienstraße 2, befindet sich das Künstlerhaus im historischen Backsteingebäude. Quer über die Straße hängt die Installation »Das große Leuchten«, ein riesiger Kronleuchter von Stephan Huber.

23 Döhrener Jammer

Die historische Arbeitersiedlung

Um die aus dem Eichsfeld angeworbenen Arbeitskräfte der 1868 gegründeten Döhrener Wollwäscherei und -kämmerei unterzubringen, wurde ab 1869 in der direkten Nähe zum Werksgelände eine Arbeitersiedlung gebaut. Die ersten Häuser entstanden in der Werrastraße. Es waren kleine, einstöckige Backstein-Reihenhäuser. Die sich glücklich schätzende Familie, die eins davon ergattert hatte, lebte mit den Kindern im Erdgeschoss auf 28 Quadratmetern. Für das Dachgeschoss nahm sie noch sechs bis acht Arbeiterinnen als »Aftermieter« auf, heute sagt man dazu Untermieter. Nach und nach entstanden auch Doppelhäuser mit mittigem Stockwerk, auf der Rückseite gab es Stall und Toilette. Ab 1903 baute man sogenannte »Meisterwohnungen« mit großzügigeren Grundrissen entlang der Rheinstraße, die über Drei- und Vier-Zimmer-Wohnungen mit Küche verfügten, oft auch mit Loggia oder Wintergarten. Eine architektonische Besonderheit stellen die nebeneinander oder über Eck liegenden Doppeleingänge mit ihren bunten Holztüren dar, die das Rätsel aufgeben, wie wohl im Inneren das Treppenhaus verläuft.

Im Zuge des Fabrikabrisses der »Döhrener Wolle« sollten diese Häuser 1977 eingeebnet werden, um einer Wohnanlage der »Neuen Heimat« Platz zu machen. Eine Bürgerinitiative hat dies verhindert. Stattdessen wurde an Privatleute verkauft, die die Sanierungsauflagen nicht nur akzeptierten, sondern auch liebevoll umsetzten. Eine grün blühende Idylle setzt die Backsteinfassaden im Sommer nun in Szene. Wenige Meter weiter, zwischen Abelmannstraße und Kastanienallee, stehen noch einige der mehrstöckigen Prachtvillen, die damals für die Führungskräfte der »Döhrener Wolle« gebaut wurden. Ein Spaziergang durch das heute unter Denkmalschutz stehende Viertel lohnt sich, gilt es doch als herausragendes Beispiel für die Wohnbedingungen während der Industrialisierung.

Adresse zwischen Abelmannstraße und Kastanienallee, 30519 Hannover-Döhren | **ÖPNV** Stadtbahnlinie 1, 2, 8, 18, Haltestelle Peiner Straße | **Tipp** GriffReich, »g'scheite« Klettermöglichkeiten in Hannover vom Deutschen Alpenverein, Tel. 0511/85061200, www.griffreich.de.

24 Die Eichenstämme

Zeitzeugen im Leinebett

Nur wenige Schritte von der U-Bahn-Station Waterlooplatz, direkt vor der Wasser- und Schifffahrtsdirektion, liegt ein schwarzes Etwas auf Kieselsteinen. Daneben ein kleineres und dann ein noch kleineres. Verbrannte Bäume? Würde die Informationstafel nicht davorstehen, ginge man achtlos vorbei. Dabei haben die Eichenstämme einiges zu erzählen.

Vor mehr als 4.000 Jahren schlängelte sich die Leine ungehindert durch das heutige Niedersachsen. Noch siedelte kein Mensch hier, und die Eichen wuchsen auf dem natürlichen Uferwall. Irgendwann hatten sie ihr Lebensalter erreicht und fielen um, wie es der Lauf der Dinge ist. Im Hochwasser der Leine trieben sie weiter, bis sie sich in Höhe der heutigen Waterloo-Säule verhakten. Die abgestorbenen Eichen blieben liegen, wo sie waren. Flusssand und Leinekies schwappten darüber und betteten die Stämme ein. Später lagerte sich Auelehm ab. Er kam aus Ackerbaugebieten im Bergland, wo sich in der Jungsteinzeit Menschen angesiedelt hatten. Die Eichen lagen sechs bis sieben Meter tief unter festen Ablagerungen begraben, quasi zur ewigen Ruhe gebettet.

Damit war es am 18. Juni 1997 vorbei. Die Bagger der U-Bahn-Baugrube an der Waterloosäule arbeiteten sich durch die Erdschichten, bis sie jäh gestoppt wurden. Ein Bohrer hatte den zweitgrößten Stamm bei den Arbeiten an der Baugrubenwand zwar zerschnitten, aber weiter kam er nicht. Die alten Zeitzeugen mussten »herausgehievt« werden.

Eine Altersbestimmung anhand der Jahresringe war nicht möglich. Deshalb versuchte man es mit der Radiokarbonmessung, deren quadratische Entnahmestelle man gut erkennen kann. Man ermittelte, dass die Sterbedaten der Bäume zwischen 2400 und 2000 vor Christi liegen. Nun ruhen die Stämme wieder auf dem typischen Leinekies, als wäre nichts geschehen. Sie zeigen, wie kurz unsere Lebenszeit im Verhältnis zur Menschheitsgeschichte ist.

Adresse Waterloostraße, 30169 Hannover-Calenberger Neustadt | ÖPNV Stadtbahnlinie 3 und 9, Haltestelle Waterloo | Tipp Direkt gegenüber befindet sich einer der schönsten Biergärten Hannovers, der Waterloo Biergarten. Bei Heimspielen von Hannover 96 öffnet er auch in der kalten Jahreszeit drei Stunden vor Spielbeginn.

25 Das Eilenriedestadion

Die Traditions-Kampfbahn

Gegenüber des Kuppelsaals liegt das heutige Eilenriedestadion. Die damals hochmoderne Arena wurde im Jahre 1922 erbaut und erhielt den Namen »Stadion der Stadt Hannover«. 25.000 Zuschauer fanden Platz in der Sportstätte, die 1934 nach dem damaligen Ehrenvorsitzenden und ehemaligen Reichspräsidenten heroisch in »Hindenburg-Kampfbahn« umbenannt wurde. Fakt ist, dass sich die Stadt dem im gleichen Jahr verstorbenen Hindenburg verpflichtet fühlte, weil der seinen Lebensabend in Hannover verbracht hatte. Da er 1933 Hitler zum Reichskanzler ernannt hatte, bleibt allerdings die Frage offen, ob man ihn nur ehren oder ob man sich auch an höherer Stelle lieb Kind machen wollte. Oberstadtdirektor Menge verstand sich schließlich aufs Taktieren im Nazi-Reich. Sportlich wurde das Stadion für Radrennen und Fußball genutzt. Länderspiele gehörten damals noch nicht zur Tagesordnung, aber zwei dieser seltenen Spiele fanden hier statt. 1931 hieß der Gegner Dänemark (4:2) und 1937 Belgien (1:0). Nach dem Zweiten Weltkrieg erschien der Name Hindenburg-Kampfbahn nicht mehr »politically correct«, und die Sportstätte wurde in »Eilenriedestadion« umbenannt.

In den letzten Jahrzehnten fand Hannover 96 hier seine Heimstätte. Während die Profis in der AWD-Arena spielen, bestreiten die Jugendmannschaften des Vereins auf der »Traditions-Kampfbahn« ihre Ligaspiele. Weil das Stadion den Sicherheitsauflagen nicht mehr genügte, wurde es 2016 umgebaut. Dabei wurde das Spielfeld um 90 Grad gedreht. Die alte überdachte Tribüne ist jetzt die Hintertortribüne. Eine kleine überdachte Sitzplatztribüne bietet nun 1.000 Zuschauern Platz.

Bis in die 60er Jahre wurden hier die Bundesjugendspiele zentral durchgeführt. Ganze Schülergenerationen gingen achtlos mit ihrem Turnbeutel durch den Haupteingang, ohne zu bemerken, dass links am Eingangstor der Name »Hindenburg-Kampfbahn« in Stein gemeißelt steht.

Adresse Theodor-Heuss-Platz 5/Clausewitzstraße 4, 30175 Hannover-Zoo | ÖPNV Stadtbahnlinie 1, 2, 8, Haltestelle Aegidientorplatz, dann umsteigen in Linie 11 bis Haltestelle CongressCentrum | Tipp Lenken Sie vom Stadion aus Ihren Blick auf den Kuppelbau der Stadthalle. Assoziationen an das Pantheon in Rom sind erlaubt.

26 Die Eisenfachwerkhalle

Der Eiffelturm lässt grüßen

Vor etwa 150 Jahren begab sich Louis Eilers auf »Handwerker-Wanderschaft« nach Frankreich. Er ging direkt zu Gustav Eiffel, um vom Erbauer des Pariser Wahrzeichens Einblicke in die Technik seiner Eisenkonstruktionen zu gewinnen. Wer weiß, wohin ihn sein Können gebracht hätte, wenn er nicht 1870 wegen des deutsch-französischen Krieges Paris hätte verlassen müssen.

Zurück in seiner Heimatstadt gründete er 1871 eine Schlosser- und Kunstschmiedewerkstatt in der Osterstraße. Sein Geschäft wuchs. Nach mehreren Standortwechseln erwarb er das Gelände am jetzigen Entenfang, einem Moorgebiet. Er erwartete, dass hier der Mittellandkanal entlanggeführt werden würde. Er täuschte sich. Statt des Kanals kam die Eisenbahn, aber die brachte seinem boomenden Geschäft die notwendige Mobilität mit Gleisanschluss.

Viele bedeutende Eisenkonstruktionen entstanden in der 15.000 Quadratmeter großen Eisenfachwerkhalle: Hannovers und Hamburgs Markthalle, die Bahnsteighalle des Leipziger Hauptbahnhofs, die Schwebefähre über den Hafen von Rio de Janeiro und die Fehmarnsund-Brücke. Eilers war Mitbegründer des »Vereins zur Überwachung der Dampfkessel«, dem Vorläufer des TÜV.

Der Familienbetrieb auf dem 68.000 Quadratmeter großen Areal musste jedoch auch schwere Rückschläge einstecken. Einer der geschäftsführenden Inhaber wurde Opfer der schnellen Autos. 1983 taumelte die Firma in die Pleite, und das Gelände verwaiste. Einige Jahre hat der Förderverein der »Mobilen Welten« daran gearbeitet, hier die Bedeutung der Mobilität mit Ausstellungen greifbar zu machen, wegen brandschutztechnischer Probleme geschieht dies nun in der Salzmühle des Straßenbahnmuseums in Wehmingen. Dafür wächst auf dem Gelände eine Oldtimer-Themenwelt heran. Es gibt in den renovierten Räumlichkeiten wechselnde Ausstellungen und dazu die Möglichkeit, sie für Events zu mieten.

Adresse Entenfangweg 2, 30419 Hannover-Ledeburg, www.eilerswerke.de | ÖPNV S-Bahnlinie 4 und 5, Haltestelle Ledeburg, über den Cordweg, dann rechts in die Gretelriede unter der Brücke durch, dann die Zellerfelder Allee bis Entenfangweg | Öffnungszeiten Nach Absprache ist das Werk zu besichtigen, info@eilerswerke.de. | Tipp Ein paar Meter weiter befindet sich die Bezirkssportanlage Stöcken.

27 Der Engesohder Friedhof

Gruft frei auf dem Prominentenfriedhof

Am Rande der Döhrener Feldmark legte Stadtbaumeister Ludwig Droste von 1861 bis 1864 den ersten kommunalen Friedhof Hannovers an. Die von ihm gestalteten Reihengrabfelder wurden gegen Ende des 19. Jahrhunderts als monoton kritisiert, ganz dem Zeitgeist folgend.

Ab 1902 setzte der Friedhof Engesohde auf großzügig aufgeteilte Anlagen, und wohlhabende Hannoveraner wählten ihn gerne für ihre Familiengrabstätten. Die besten Steinmetze wurden beauftragt, ihr künstlerisches Können an Obelisken, Stelen und Skulpturen unter Beweis zu stellen. Die Inschriften auf den prächtigen Denkmälern lesen sich wie das »Who is Who« der hannoverschen Gesellschaft um die vorletzte Jahrhundertwende. Darunter Hermann Rasch, zuvor Stadtdirektor in Hannover, und Karl Karmarsch, der die spätere technische Universität leitete. Dr. Karl Peters erwarb gar Ostafrika für sein Vaterland und verkündete dies auf einem riesigen Steinquader. Der ihm gewidmete Platz in der Südstadt wurde mittlerweile nach Bertha von Suttner umbenannt.

Einige der Grabstätten und Grüfte sind nach Jahrzehnten »frei« geworden und werden neu verpachtet. Auch wenn dem Friedhof der Ruf eines Prominentenfriedhofs vorauseilt, kann sich jeder darum bewerben. Diese Neuvergabe gilt jedoch nicht für die Ehrengräber. Hier wird unter anderem Hugo Haase geehrt, der Erfinder der Achterbahn, ebenso Walter Bruch. Ihm verdanken wir den Farbfernseher.

Eine Besonderheit ist die steinerne Balustrade im älteren Teil des Friedhofs: Zuvor hatte sie als Abgrenzung eines durch die Eilenriede führenden Kanals gedient. Auf dem sogenannten »Schiffgraben« hatte man Holz und Torf zum Aegidientor transportiert. Mitte des 19. Jahrhunderts wurde der Kanal überflüssig, man schüttete ihn zu. Eine andere Art des Recyclings traf die schmiedeeisernen Einfriedungen. Sie wurden ab 1940 für die Kriegsindustrie benötigt.

Adresse Orli-Wald-Allee 2, 30173 Hannover | **ÖPNV** Stadtbahnlinie 1, 2 und 8, Haltestelle Altenbekener Damm | **Öffnungszeiten** 15. März – 31.Okt. 8 – 20 Uhr und 1.Nov. – 14.März 9 – 17 Uhr | **Tipp** TippWohnen mit positiver Energie: Die Wohnungsgenossenschaft Gartenheim hat direkt vor dem Friedhof absolutes Neuland mit der Errichtung des Mietkomplexes nach Vasati-Grundregeln (5.000 Jahre alte indische Lehre) betreten.

28 Der Erdbewegte Hanomag

Traurige Stahlskelette

Am Rande des Kreisels am Deisterplatz liegt eine Grünbrache. Im hinteren Bereich erkennt man die efeuberankten Mauerreste des Von-Alten-Parks. Im vorderen entdeckt man rostige Teile im hohen Gras. Bei genauerem Hinsehen erinnern sie an einen Radlader oder eine Planierraupe. An einer Stelle findet man den Namen »Hanomag«, an anderer die Jahreszahl 1983. Da sich das Gelände der Hannoverschen Maschinenbau AG (Hanomag) in unmittelbarer Nähe befindet, liegt ein Zusammenhang auf der Hand. Hat man vielleicht zwei alte Baumaschinen hierher verfrachtet, damit sie an den Aufstieg und Untergang der Hanomag erinnern?

Das Unternehmen war aus der 1835 gegründeten »Eisen-Giesserey und Maschinenfabrik Georg Egestorff« hervorgegangen. Egestorff, ein echter Vollblut-Unternehmer, baute 1846 die erste Dampflokomotive und gehörte fortan zu den bedeutendsten Lokomotivfabrikanten in Deutschland. Mangels männlichem Nachfahren gab er seine Fabrik ab. Unter den nachfolgenden Besitzern wurden erfolgreich Lokomotiven, Baumaschinen, Lkws und Pkws gebaut, gerne auch Panzer. In den 70ern lief es dann nicht mehr so gut, und als Horst-Dieter Esch 1980 die Geschäfte übernahm, rief er massiv nach öffentlicher Hilfe.

Bevor Esch jedoch 1984 in Konkurs ging, gab er noch eine Skulptur in Auftrag, schließlich waren die 80er die Zeit für Kunst im Straßenraum. Der Bildhauer Hannes Meinhard durfte sich das Material für sein Kunstwerk aus den Werkstätten der Fabrik holen. Schrottreife Maschinenteile und Produktionsreste schweißte er zu einer maschinenähnlichen Skulptur zusammen.

Sein zweiteiliger »Erdbewegter Hanomag« steht seit 1983 am Deisterplatz. Die Stahlskelette wirken vor dem alten Fabrikgebäude wie ein trauriges Relikt aus besseren Zeiten. Falls gerade einmal das Gras gemäht wurde, kann man die beiden »Maschinen« auch vom Kreisel aus sehen.

Adresse Deisterplatz, 30449 Hannover-Linden-Süd | ÖPNV Stadtbahnlinie 3, Haltestelle Allerweg, umsteigen in den Bus Linie 100, Haltestelle Deisterplatz/Bornumer Straße | Tipp Auf der anderen Seite des Platzes liegt das umgenutzte Ahrbergviertel, einst Firmensitz der Wurstfabrik Ahrberg, von wo aus die »Hannoversche Bouillonwurst« ihren Siegeszug durch Deutschland antrat. Hier pulsiert heute das spanische Herz von Linden-Süd.

29 Der erste Radweg

Im Wald, da gibt es Regeln

Zur Jahrhundertwende erfreute sich das Radfahren großer Beliebtheit. Der Radfahrer-Renn-Verein, unterstützt von Verleger August Madsack und Chefredakteur Hermann Löns (der spätere Heidedichter), lobte 1897 den »Großen Preis von Hannover« aus. Der Verein sorgte auch dafür, dass 1900 der erste Radweg zwischen Kleestraße und dem Zoo durch die Eilenriede gebaut wurde.

Um Ordnung in die Sache mit dem Radweg zu bringen, verabschiedete man am 26. April 1902 flugs die »Gebührenordnung für die Benutzung der Radfahrwege in der Eilenriede«. Für das Befahren der Trasse war demnach eine Mautgebühr von einer Mark jährlich fällig. Dafür bekam man eine Karte mit auf Leinwand aufgezogenem Papier, die man immer bei sich zu tragen hatte. Schnell folgten weitere Regeln: Die Hände mussten stets an der Lenkstange bleiben, die Füße auf den Pedalen. Nur auf ganz freier Strecke durfte man sie herunternehmen. Bei Dunkelheit oder schlechter Sicht brauchte man eine »hell brennende Laterne mit farblosen Gläsern, welche den Lichtschein nach vorn auf die Fahrbahn wirft«.

Vertrauen ist gut, Kontrolle ist besser. »Waldaufseher« waren pausenlos damit beschäftigt, Missetäter festzuhalten und Regelverstöße zu ahnden.

Im Oktober 1904 erhielt zum Beispiel Fräulein Dagmar Kropp eine Strafanzeige »wegen unbefugten Befahrens der Fußwege in der Eilenriede«. Die junge Frau war ohne ordnungsgemäße Plakette gefahren. Zur Strafe musste sie ein Bußgeld von drei Mark bezahlen, das Dreifache der Jahresgebühr. Für diesen Betrag hätte man damals 30 Konzerte im »Neuen Haus« hören können.

Ein besonderes Problem stellten die Militär-Radfahrer auf Fußwegen dar. Die Offiziere benutzten gerne den mit Laternen ausgestatteten Weg Richtung Prinzessinnen-Denkmal an der Hohenzollernstraße und scherten sich nicht um Ordnungshüter. 1934 wurde die Gebühr für die Benutzung der »Radlertrassen« abgeschafft.

Adresse Kleestraße, 30625 Hannover-Kleefeld | ÖPNV ab Kröpcke Stadtbahnlinie 4, 5, Haltestelle Kantplatz, dann Richtung Eilenriede gehen, der 2. Stein steht hinter der Parkgarage vom Zoo, Stadtbahnlinie 11, Haltestelle Zoo | Tipp Besuchen Sie das Prinzessinnendenkmal (Kreuzung Yorck-/Hohenzollernstraße). Es zeigt die beiden Schwestern und späteren Königinnen Luise (Gemahlin des Preußenkönigs Friedrich Wilhelm III.) und Friederike (Gemahlin des Königs Ernst August von Hannover).

30 Der Feigengarten

Reisen bildet

Kennst du das Land, wo die Zitronen blühen? Schon 100 Jahre vor Goethe machten sich Kurfürst Ernst August und sein Hofstaat auf den Weg nach Italien und verbrachten dort ganze Monate. Wieder zurück sollten exotische Früchte wie Orangen, Feigen, Aprikosen oder Pfirsiche auf die Tafel. Man wollte zeigen, dass Reichtum und Macht Jahreszeiten und Klima überwinden konnten.

Im Unterschied zu anderen barocken Anlagen versorgte der Große Garten den königlichen Hof stets mit Obst und Gemüse. Am Werkhof lag früher das »Apfelstück«, am Irrgarten befand sich ein Spargelfeld. Kirsch-, Birnen- und Pflaumenbäume wurden an Spaliermauern gepflanzt und vorgetrieben.

Die Feigenzucht stellte jedoch die größte Herausforderung für die Gärtner dar. Das nicht mehr erhaltene »alte Feigenhaus« wurde 1694 als erstes Gewächshaus im Großen Garten errichtet, direkt neben der Schlossküche. Bestand haben noch die drei Erdgewächshäuser aus dem 19. Jahrhundert. Ihre Rückwände sind massiv gebaut, die Vorderfronten bestehen aus schräg ausgerichtetem Glas, das bei zu großer Hitze abgenommen oder mit Strohmatten bedeckt wurde. Im Winter packte man Mist auf die Beete, vorzugsweise von Pferden. Dieser entwickelte die größte Hitze. Später strömte aufgewärmtes Wasser in Eisenrohren durch die tiefer liegenden Pflanzflächen. Innen stehende Öfen hatten sich wegen der Rauchentwicklung nicht bewährt.

Der Weg in den Feigengarten führt heute durch den Eingang des Restaurants »Schlossküche Herrenhausen«. Die anspruchsvolle Gastronomie lädt dazu ein, sich und anderen eine »schöne Zeit« zu schenken und regionale Zutaten bester Qualität mit allen Sinnen zu genießen. Ausblick auf das Herrenhäuser Schloss, die Grotte, den Großen Garten, die Feigenbäume, Kräuterbeete und Erdgewächshäuser inklusive. Wer es rustikaler möchte, kann sich an der gleichen Aussicht im dazugehörigen Biergarten unter Linden erfreuen.

Adresse Alte Herrenhäuser Straße 3, 30419 Hannover-Herrenhausen, www.schlosskueche-herrenhausen.de | **ÖPNV** ab Kröpcke Stadtbahnlinie 4 oder 5, Haltestelle Herrenhäuser Gärten | **Öffnungszeiten** Mo–So 11–23 Uhr, Ruhetag am 24. Dezember | **Tipp** Direkt nebenan befindet sich das neuerbaute Schloss Herrenhausen. Im Museum wird die Gartengeschichte auf ganz neue Weise lebendig, www.hannover.de/herrenhausen/museum-schloss-herrenhausen/.

31 Der Findling

Caffè Latte und die Probleme der Welt

»Der Hannoveraner sitzt nicht auf der Straße«, soll ein älterer Herr bei den Auseinandersetzungen über die Gestaltung der Lister Meile gerufen haben. Ein Satz, der mittlerweile Stadtbaurat Hillebrecht in den Mund gelegt wird. Aber egal, ob sich der Freund breiter Straßen so grundlegend getäuscht hat oder ein anderer – am Rande des Weißekreuzplatzes stehen die Tische der Cafés und Restaurants dicht gedrängt nebeneinander. Bei einem Caffè Latte genießt man jeden Sonnenstrahl und parliert gerne über die Probleme der Welt. Und die hat man in Sichtweite.

Am Ende des Platzes, gegenüber des Raschplatz-Pavillons, liegt seit 1979 ein 20 Zentner schwerer Findling auf dem Fußweg. Er ist gelb angemalt, und eine rote Sonne ballt kämpferisch die Faust. Gorleben ist überall.

1979 kam es in einem amerikanischen Atomkraftwerk zur Kernschmelze, und der nicht für möglich gehaltene Gau schien erschreckend greifbar. Das veranlasste die Widerständler gegen das Atommülllager und die Wiederaufbereitungsanlage im Wendland, mit über 200 Treckern nach Hannover zu fahren. Das Motto lautete in Anspielung auf den damaligen Ministerpräsidenten Ernst Albrecht (CDU): »Albrecht, wir kommen!« Am 31. März 1979 erreichten die bäuerlichen Atomkraftgegner nach einer Woche Fahrt die Ortsgrenze. Unterstützt und begrüßt wurden sie von über 100.000 Hannoveranern. Auch die Häuser an der Podbielskistraße waren seit den Besuchen von Kaiser Wilhelm nicht mehr so bunt geschmückt gewesen. Überall hatte man Transparente aus den Fenstern gehängt, um Solidarität mit den Widerständlern zu zeigen. Die Stadt entwickelte sich über Nacht zum Zentrum der Anti-Atomkraft-Bewegung. Den Findling ließen die Wendländer als Mahnmal am Ende der Lister Meile auf die Erde poltern und liegen.

Wenige Meter dahinter steht seit einigen Jahren ein Stück Berliner Mauer, zum Gedenken an die Opfer von Stacheldraht und Beton.

Adresse Weißekreuzplatz, 30161 Hannover-Oststadt | **ÖPNV** Zu Fuß vom Hauptbahnhof (Ausgang »Raschplatz«) geradeaus unter der Raschplatzhochstraße hindurch über den Fußgängerüberweg mit Ampel. Dann sieht man den Pavillon und den Weißekreuzplatz. | **Tipp** Am Ende des Platzes findet man die Kopie des »Weißen Kreuzes«. Es heißt, dass das Original ein Erinnerungsstein an die Hinrichtung des Massenmörders Jaspar Hanebuth war. Andere meinen, dass es an ein Wirtshaus aus dem Jahre 1682 erinnert, das Ecke Alte Celler Heerstraße/Große Pfahlstraße stand und vor einigen Jahrzehnten abgebrochen wurde.

32 Die Fischaufstiegsanlage

… auch mal gegen den Strom schwimmen

Des einen Freud ist des anderen Leid. Seit in Herrenhausen die Leine mit einem Wehr aufgestaut wurde, gab es kein Weiterkommen mehr für Bachforelle, Lachs, Hecht, Aal, Esche oder Flussneunauge. Für sie und die Kleinlebewesen im Wasser war Schluss mit lustig, nachdem auf Leibniz' Anregung hin Wasserhebewerk und Wasserleitsystem gebaut worden waren, um mit Hilfe des Drucks die große Fontäne im benachbarten Herrenhäuser Garten betreiben zu können. Erst dümpelten die Fische im Stillwasserbereich vor sich hin, dann machte ihnen die schlechte Qualität des Flusswassers den Garaus.

Das ökologische Bewusstsein hat sich im Laufe der Jahre weiterentwickelt. Man sorgte für eine Verbesserung der Wasserqualität und somit der Lebensbedingungen der Fische.

1999 hat enercity das Wasserkraftwerk in Herrenhausen in Betrieb genommen. Hier entsteht jetzt Strom aus dem Strom, und bis auf Hochwasserzeiten produziert das Kraftwerk Ökostrom für mindestens 1.500 Haushalte. Mit diesem Kraftwerksbau wurde gleichzeitig das Projekt »Fischaufstiegsanlage« ins Leben gerufen. Dazu baute man 25 kleine Einzelbecken, die den Fischen ein Hinaufschwimmen über mehrere Stufen ermöglichen. Die Becken sind auf einer Länge von 95 Metern hintereinandergereiht und gut zwei Meter breit. Damit die Fische unterhalb des Wehrs den Eingang in den Fischpass nicht verpassen, gibt es eine Leitströmung. Dieser Strömung folgen Forelle und Co. und lassen sich stromaufwärts lotsen. Für den Aal wurde eigens ein Aalrohr eingebaut. Den laichbereiten Allesfressern soll so das Wandern flussabwärts erleichtert werden.

Betrachtet man die grauen Becken von der Brücke aus, kann man selten einen Fisch auf Wanderschaft entdecken. Um näher an die Fischaufstiegsanlage heranzukommen, sollte man sich einer kostenlosen Führung durch das Wasserwerk anschließen, die von den Mitarbeitern von enercity regelmäßig angeboten werden.

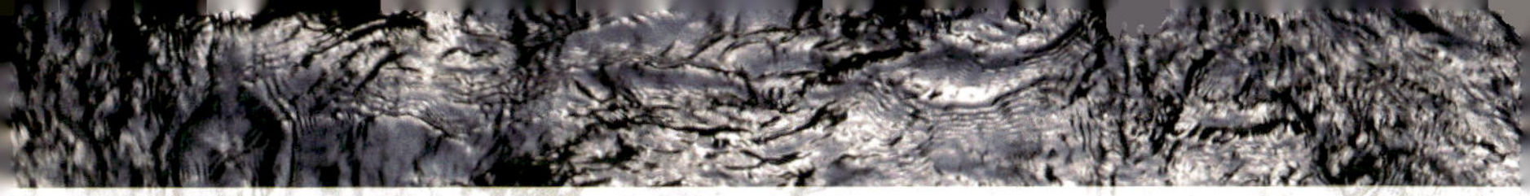

Adresse Am Großen Garten 70, 30167 Hannover-Nordstadt, www.enercity.de | ÖPNV Stadtbahnlinie 4 und 5, Haltestelle Schaumburgstraße, 1,4 Kilometer zu Fuß der Straße Am Großen Garten folgen und den West Schnellweg unterqueren. Alternative: Stadtbahnlinie 10, Haltestelle Harenbergerstraße, ab dort 700 Meter zu Fuß der Straße Ratswiese und dem Schleusenweg in nordwestlicher Richtung folgen | Öffnungszeiten Von der Brückenplattform immer zu sehen. Führungen durch das Wasserwerk unter Tel. 0511/4302607 oder matthias.faflik@enercity.de | Tipp Von der Brücke aus ist der schönste Sonnenuntergang mit der Silhouette von Alt-Limmer zu sehen.

33 Die Flugversuchsstrecke

Erfindungsreichtum beim Fliegertreff

Der erste gelungene Flugversuch der Welt mit einem Motorflieger fand auf dem Gelände der Vahrenwalder Heide statt, einem Gebiet, auf dem sich heute Kleingärten befinden. Die Kolonie »Fliegerslust« erinnert an die fast vergessene Nutzung dieses Areals nördlich des Mittellandkanals, zwischen Reiterstadion und Lister Bad.

Seit 2006 steht ein Gedenkstein für den Flugpionier Karl Jatho nahe seines früheren Flugfeldes. Jatho wurde 1873 in Hannover geboren. Im Broterwerb arbeitete er als Inspektor im technischen Revisionsbüro der Stadtverwaltung. Seine Leidenschaft galt jedoch dem Hochradfahren, das er zusammen mit seiner Schwester perfektionierte.

Mit Anfang 20 wandte er sich voller Energie dem Fliegen zu und begann zu experimentieren, wie viele Pioniere jener Zeit. 1896 startete er seine ersten Versuche mit dem Gleitflieger auf einer 180 Meter langen Flugbahn in Vahrenheide. 1897 errichtete er daneben einen Hangar mit Werkstatt und bastelte an einem Flugzeugmotor. Vier Augenzeugen ließen notariell beglaubigen, dass sie am 18. August 1903 dabei waren, als Jatho mit dem von ihm konstruierten »Jatho-Drachen« etwa 20 Meter weit und 30 Zentimeter hoch über dem Boden flog. Die berühmten Gebrüder Wright starteten erst vier Monate später ihren ersten Motorflug.

Im benachbarten Lokal Lister Mühle, heute Sitz der Baptisten, befand sich der berühmt-berüchtigte »Fliegertreff« für Flugpioniere, Luftsportler und Flugfans. Bis zu 5.000 Personen beobachteten im Kaffeegarten die Flugversuche hautnah. Ständig dabei war Erich Oppermann, der 1909 für Pelikan den ersten Reklameflug in Deutschland, wenn nicht gar weltweit absolvierte. 1912 entwickelte er ein »Zeppelin-Modell« mit Scheinwerfern. Nachts beleuchtete er die goldenen, auswechselbaren Buchstaben zu Werbezwecken. Der Tüftler meldete 16 Patente an, darunter ein Visier-Nachtlandegerät und eine Zerreißmaschine zur Materialprüfung.

Adresse Am Jagdstall 7, 30179 Hannover-Vahrenheide | ÖPNV Buslinien 128 und 134 zum Endpunkt Nordring, von dort 4 Minuten zu Fuß über die Kanalbrücke, oder Stadtbahnlinie 2, Haltestelle Großer Kolonnenweg, dann durch die Peter-Strasser-Allee | Tipp Nach wenigen Metern kommt man auf derselben Straße zum Reiterstadion, Überbleibsel einer traditionsreichen Geschichte vom »Preußischen Militärinstitut Hannover« bis zur Kavallerieschule. Etliche Goldmedaillensieger haben hier trainiert, noch heute werden Turniere ausgetragen, www.rv-hannover.de.

34 Die Gartenbauschule

Zentraler Lern- und Erinnerungsort

Seit den 80er Jahren ist die Berufsbildende Schule (Bereich Floristik, Gartenbau, Landwirtschaft und Tierpflege) in Ahlem dort ansässig, wo der jüdische Bankier Alexander Moritz Simon 1893 die »Israelitische Gartenbauschule« gründete. Auf dem 18 Hektar großen Gelände der damaligen Internatsschule erlernten jüdische Schüler Berufe im Bereich Gartenbau, Hauswirtschaft und Handwerk, die ihnen traditionell verwehrt waren. Ab 1933 wurde die Ausbildung auf die Auswanderung nach Palästina ausgerichtet. Das war der Grund, warum die Nationalsozialisten die Schule bis 1942 duldeten. Danach wurde das Schulgebäude eins der 16 Judenhäuser und man richtete hier die zentrale »Sammelstelle« von Juden aus den Regierungsbezirken Hannover und Hildesheim ein. In den Gewächshäusern warteten Menschen zusammengepfercht auf den Abtransport in die Konzentrationslager in Auschwitz, Riga, Theresienstadt und Warschau.

1943 wurde die Gestapoleitstelle in der Innenstadt durch Bomben zerstört, Teile der Dienststelle wurden deshalb nach Ahlem verlegt. Zwangsarbeiter und politisch Verfolgte waren hier unter schlimmsten Bedingungen inhaftiert und wurden gefoltert. In der »Laubhütte« wurden während dieser Zeit mindestens 59 Menschen hingerichtet. Die Gestapo zündete die Hütte im April 1945 an, um Spuren zu vernichten. Die Brandnarben einer mit einem Eisenband zusammengehaltenen Kastanie waren viele Jahre das einzige Zeugnis der lange verdrängten Geschichte dieses Ortes. Ab 1987 gab es im Direktorenhaus die zentrale Mahn- und Gedenkstätte für die Opfer des Holocaust in der Region. 2014 wurde mit dem Anbau und den dort gezeigten Ausstellungen ein für Deutschland einzigartiger Lern- und Erinnerungsort eröffnet. Das neu gestaltete Außengelände macht mit erklärenden Fototafeln und einer Reihe schier endloser Namenssteine Menschen und deren Geschichte sichtbar und nachfühlbar.

Adresse Gedenkstätte Ahlem, Heisterbergallee 10, 30453 Hannover-Ahlem | **ÖPNV** Stadtbahnlinie 10, Haltestelle Ehrhartstraße | **Öffnungszeiten** Di, Mi 10–17 Uhr, Do 10–19 Uhr, Fr 10–14 Uhr, So 11–17 Uhr. Das Außengelände ist jederzeit begehbar. Führungen unter Tel. 0511/61623745, www.gedenkstaette-ahlem.de | **Tipp** Noch heute ist auf dem Gelände eine Lehr- und Versuchsanstalt für Gartenbau mit Europas modernsten Gewächshäusern untergebracht. Die zukunftsorientierten ZINEG-Gewächshäuser sollen den Verbrauch fossiler Energie für die Heizung möglichst auf null reduzieren.

35 Der Gartensaal

Allerorten Bella Vista

Wer heute den besten Ausblick über den ersten Bürgerpark der Stadt genießen möchte, sollte sich bequem im Gartensaal des »Neuen Rathauses« oder bei schönem Wetter auf der Terrasse niederlassen. In den repräsentativen Räumen der alten Stadtkasse kann man bei Cappuccino und Kuchen dem Treiben rund um den Maschteich zusehen. Gegenüber, gleich hinter der Felsenhalbinsel, steht das Denkmal zu Ehren von Julius Trip, der dieses Landschaftsbild aus den Überschwemmungswiesen der Leine- und Ihmeniederung geschaffen hat, die bis ins 18. Jahrhundert an die Stadtbefestigungen Hannovers heranreichten.

Vergessen sind die Proteste, die es von allen Seiten hagelte, als der Magistrat der Stadt den vorderen Bereich der Altstädter Aue 1895 zur Bebauung für das »Neue Rathaus« freigab. Weder wollte man den weiten Blick von der Masch bis hin zum Deister verlieren, noch auf die Schlittschuhpartien im Winter verzichten. Bürgerinitiativen waren jedoch noch unbekannt, und der Magistrat setzte den Standort ruck, zuck durch. Während der Gebäudekörper des »Neuen Rathauses« in einem munteren Mix Architekturelemente verschiedener Epochen vereinte, versuchte sich Stadtgarteninspektor Julius Trip im Entwurf einer Parkszenerie mit Teich und Alpinum. Bereits im Herbst 1900 flutete man den Maschteich. Seerosen und Blattschmuckstauden wurden gesetzt, Trips besonderes Augenmerk galt den Gehölzen.

Der Maschpark reichte bis zum Nordufer des noch nicht existierenden Maschsees und sollte dort fortgeführt werden. Die Gruppe der Befürworter des Maschseebaus setzte sich jedoch durch. Dem See musste das Milchhäuschen weichen, in dem eine Molkerei aus Burgwedel ihre Produkte verkaufte. Das 1824 von Laves errichtete Gartenhaus »Bella Vista« wurde später Opfer der Weltkriegsbomben. Nur die gleichnamige Brücke erinnert an das Haus mit dem schönsten Ausblick über die Anlage.

Adresse Trammplatz 2, 30159 Hannover-Mitte | ÖPNV Stadtbahnlinie 1, 2, 4, 5, 8 Haltestelle Aegidientorplatz | Öffnungszeiten täglich 11–18 Uhr, vom 15. Mai–15. Sept. 11–22 Uhr | Tipp Den komfortabelsten Ausblick auf das Neue Rathaus hat man bei einem Getränk seiner Wahl von der Terrasse der Hausbrauerei Meiers Lebenslust, Osterstraße 64/Ecke Friedrichswall, Tel. 0511/8982250, www.meiers-lebenslust.de.

36 Der Goldene Winkel

Modellsiedlung nach dem Krieg

Die hannoversche Bausubstanz wurde durch die Luftangriffe im Zweiten Weltkrieg zu 51 Prozent zerstört, die historische Altstadt zu 90 Prozent. Man beschrieb die Stadt als »zerkraterte Aschelandschaft« und diskutierte, ob es sich überhaupt lohnte, sie wiederaufzubauen oder ob man sie nicht an anderer Stelle neu und gar unterirdisch errichten sollte. Während man im Gebiet der Masch-Ohe ganz pragmatisch mit dem Aufhäufen von 2,3 Millionen Kubikmetern Trümmerschutt begann, aus denen man später die Tribüne der heutigen AWD-Arena modellierte, setzte sich in der Nachkriegspolitik der Wille durch, nicht den Wiederaufbau der Stadt, sondern den Neuaufbau voranzutreiben.

Bekannt wurde Stadtbaurat Rudolf Hillebrecht durch die Tangentenplanung und den Innenstadtring, die der Vision einer »Autostadt« Rechnung trugen. Für die erste deutsche Bauausstellung 1951, die Constructa, wurde auf seine Anregung hin eine Modellsiedlung an der Kreuzkirche gebaut. Schließlich musste für die zerstörten kleinteiligen Bauten der Altstadt Ersatz geschaffen werden. Die neu gegründete »Aufbaugenossenschaft rund um die Kreuzkirche« ignorierte die historischen Strukturen und parzellierte den Bereich des Goldenen Winkels neu. Innenstadtnahe »Wohninseln« waren das Ziel. Entstanden sind zwei- bis dreigeschossige Häuserzeilen, umgeben von Gärten und Grünanlagen, nur durch Fußwege erschlossen. Zur Baumesse stellte man insgesamt 215 Ein- bis Dreizimmerwohnungen fertig. Das Kreuzkirchenviertel wurde aus Mitteln des Marshallplans finanziert und avancierte zum Vorzeigebeispiel des neuen Wohnungsbaus.

1953 wurde mit dem Bau von weiteren 77 Wohnungen und 23 Läden in der Knochenhauerstraße begonnen. Die ruhige Oase zwischen Altstadt und Rotlichtviertel ist noch heute eine bevorzugte Wohngegend. Visionär war die verkehrsberuhigte Planung, die den Goldenen Winkel zum städtebaulichen Kleinod macht.

Adresse Kreuzkirchhof 1–3, 30159 Hannover-Mitte | **ÖPNV** Vom Bahnhof aus erreichen Sie die Kreuzkirche zu Fuß in 10 Minuten via Bahnhofstraße über Kröpcke, Karmarschstraße und Osterstraße oder mit der Stadtbahnlinie 3, 7, 9 bis Haltestelle Markthalle. | **Tipp** Gegenüber des Kircheneingangs (Hausnummer 5) befindet sich die Kreuzklappe, das älteste Lokal der Altstadt, heute ein türkisches Restaurant. Hier befand sich während der Nazi-Zeit ein SA-Sturmlokal, zuvor ein verrufenes Lokal der hannoverschen Unterwelt.

37_Die Gospelkirche

»Oh happy day« in Linden-Süd

Immer wieder ist von Kirchenmüdigkeit zu hören, besonders in Stadtteilen mit hohem Ausländeranteil. Die evangelisch-lutherische Erlöser-Kirchengemeinde in Linden-Süd hat eine eigene Lösung für dieses Problem gefunden. Angefangen hat alles im Jahre 2001. Nach dem Konzert eines Gospelchors gab es im Anschluss nicht nur den berühmt-berüchtigten Erlöserpunsch, es wurden auch Wünsche geäußert. Nach mehr Konzerten, nach einem Ort, wo Menschen sich heimisch fühlen, die Gospel mögen. Kurz gesagt: Die Idee der Gospelkirche war geboren.

Mittlerweile ist aus der Projektidee eine feste Einrichtung geworden. Zweimal im Monat gibt es Gospelgottesdienste. Die Kirche ist an diesen Tagen so gut gefüllt wie andere nur zu Weihnachten – was nicht nur am hausgemachten Kuchen und den Heißgetränken liegt, die im »Café E« auf der Empore ab 15 Uhr angeboten werden. An jedem ersten Sonntag im Monat findet im Anschluss ein meditativer Gottesdienst statt. »Gospel meets Jazz« heißt es, wenn neben den Gospelsongs der Kirche eigens komponierte liturgische Gesänge und Jazzmusik die Andacht prägen. Jeden dritten Sonntag im Monat gibt es ein halbstündiges Konzert eines Gastchores aus Hannover und Umgebung. Das eigene Gospel-Gesangbuch erleichtert das Mitsingen. Zum Abschluss erfolgt »Oh happy day«, ein Lied, das sich auch nach über zehn Jahren noch nicht abgenutzt hat.

Danach kann man im »GoJoy«, der Gospelkneipe auf der Empore, den Abend bei Snacks und Getränken ausklingen lassen und die Atmosphäre der originalen Innenausstattung der dreischiffigen Hallenkirche genießen.

Nach den Plänen von Conrad Wilhelm Hase erbaut, wurde sie 1880 als Zionskirche eingeweiht. Auf Druck der Nazis wurde sie 1943 in Erlöserkirche umbenannt. 1950 stellte der Kirchenvorstand einen Antrag auf Rückbenennung. Diesem Begehren wurde seitens des Landeskirchenamtes nicht entsprochen.

Adresse An der Erlöserkirche 2, 30449 Hannover-Linden-Süd, www.gospelkirche-hannover.de | **ÖPNV** Stadtbahnlinie 3 und 7, Haltestelle Allerweg | **Öffnungszeiten** Offenes Gospelsingen siehe Webseite | **Tipp** Direkt vor der Kirche befindet sich ein Replikat des Trinkbrunnens für »Menschen, Pferde, Hunde und Vögel«, der um 1900 im Stadtgebiet Hannover 17-mal vertreten war.

38 Hanebuths Geburtshaus

Leichen pflastern seinen Weg

Straßenschilder wie »Hanebuthwinkel« oder »Hanebuth Gang« erinnern an Jaspar Hanebuth. Wer war dieser Mann? Die Spurensuche führt zum ehemaligen Bauerndorf Groß Buchholz. Dort wurde Hanebuth 1607 auf dem »Hof Pieper« geboren. Heute residiert in dem 1831 wiederaufgebauten Fachwerkhaus das Restaurant Gallo Nero, bekannt für gute Weine. Direkt davor steht der »Sockeltorso XX, Räuber Hanebuths letztes Opfer«. Anklagend blickt ein Mann in den Himmel, verrät jedoch nichts darüber, was ihm angetan wurde.

An der Ecke des Vierständerhauses weist eine Gedenktafel auf den Räuber hin, der seine Beute mit den Armen aus Buchholz geteilt haben soll, letztendlich aber wegen 19 Morden am Steintor hingerichtet wurde. Jaspar Hanebuth – sagenumwobener Robin Hood oder Massenmörder?

In der kollektiven Erinnerung Hannovers verschwimmt das Bild des Mannes, den der Dreißigjährige Krieg verroht haben soll. Bei seiner Rückkehr stand er vor den abgebrannten Resten seines Elternhauses. Des Lesens und Schreibens nicht kundig, versuchte er sich erst im Pferdehandel, dann im Pferdediebstahl und schließlich als Räuber. Oft war er in den umliegenden Wirtschaften anzutreffen, das Rohr, wie man Gewehre damals nannte, immer dabei. Mit Kameraden trank er Broyhan, würfelte und belauschte Reisende, um sie später zu überfallen.

Leichen pflasterten Hanebuths Weg zwischen Bothfeld, List, Misburg und Seelze. Im Laufe der Zeit eilte ihm ein Ruf des Schreckens und der Unverletzbarkeit voraus: Stieß man ein Messer in seinen Leib, soll kein Tropfen Blut herausgekommen sein. 1652 sah das in der Folterkammer des Rathauses anders aus. Als der Scharfrichter ihm die erste Beinschelle anlegte, bluffte er noch, bei der zweiten gestand er die Morde und wurde zum Tode verurteilt. Am 4. Februar 1653 wurde er im langen Zug der Honoratioren und Bürger durch die Stadt zum Steintor geleitet und dort gerädert.

Adresse Groß-Buchholzer Kirchweg 72, 30655 Hannover-Groß Buchholz | ÖPNV Stadtbahnlinie 3, Haltestelle Noltemeyerbrücke, umsteigen in Buslinie 631, Haltestelle Klein-Buchholzer Kirchweg | Tipp Gehobene italienische Küche im Gallo Nero, Öffnungszeiten unter: Tel. 0511/5463434, www.gallo-nero-hannover.com.

39 Die Hänge-Buche

Durch den Prinzengarten zum Liebesnest

Die Herrenhäuser Gärten stehen in jedem Reiseführer und gelten als absolutes Muss für Hannover-Touristen. Wie so oft hat der große Bruder kleinere Geschwister.

Rechter Hand der Herrenhäuser Allee liegt der unbekannte »Kleine«, der Prinzengarten. Er wurde Mitte des 19. Jahrhunderts zwischen Schneiderberg und Nienburgstraße angelegt. Das zweigeschossige Prinzenhaus steht längst nicht mehr und ist genauso vergessen wie der Name dieses Parks, dessen Flächen übergangslos in die nächste Grünanlage münden, den Welfengarten. Entstanden ist er 1717 zusammen mit dem Schloss Monbrillant. Hatte Gartenbaukünstler Charbonnier die Herrenhäuser Gärten für den König gestaltet, so verwirklichte sein Sohn hier eine barocke Anlage im Kleinformat für den Grafen von Platen-Hallermund. Gegen Ende des Jahrhunderts änderte sich die Gartenmode, und im »steifen« Park entstanden verschlungene Pfade und Wasserläufe im Stile der Landschaftsparks. Monbrillant musste 1857 dem Bau des Welfenschlosses weichen und wurde nach Georgsmarienhütte versetzt.

Einige der alten Bäume haben königlichen Lifestyle und Weltkriegsbomben überstanden, wie das große Exemplar einer Hänge-Buche am Teich. Von dort aus hat man den schönsten Blick auf das Welfenschloss, dessen Rückseite weniger imposant daherkommt als die Vorderfront. Der Baum hält außerdem eine Überraschung bereit. Wie Alice im Wunderland kann man hier einen ganz besonderen Ort entdecken. Schlüpft man durch die bis auf den Erdboden hängenden Äste, betritt man einen eigenen Raum. Dichtes Blattwerk verhindert Einblicke von außen. Kein Zweifel, der Platz ist der perfekte heimliche Treffpunkt. Vorhängeschlösser als Liebesbekundung fehlen, aber in luftiger Höhe kann man den Namen Agnés entziffern, gleich in der Nähe die Jahreszahl 1954. Ob die Liebenden ein Paar geblieben sind, gar diamantene Hochzeit gefeiert haben? Agnés, bitte melde dich!

Adresse Nienburger Straße, 30167 Hannover-Nordstadt | ÖPNV ab Kröpcke Stadtbahnlinie 4 oder 5, Haltestelle Schneiderberg | Tipp Rechter Hand der Hänge-Buche steht eine von ursprünglich zwei Fußgängerbrücken mit dem typischen Lave-Fischbauchträger. Konstruiert wurden die Brücken 1843 bis 1846 von Hannovers Vorzeige-Architekten zur Querung der ehemaligen Graft.

40 Hannover 78

Der erste deutsche »Fußball«-Verein

Die enge Beziehung zwischen deutschem und englischem Königshaus hat uns nicht nur die ersten Gaslaternen des europäischen Festlands gebracht, sondern auch die Gründung des ältesten »Fußball«-Vereins Deutschlands, obwohl dort nie »richtig« Fußball gespielt wurde.

Ferdinand Wilhelm Fricke, kurz FWF genannt, hatte wie viele andere Heranwachsende den Engländern zugesehen, wenn sie in der Gegend der heutigen Stadthalle, damals die »Kleine Bult«, mit einem eiförmigen Ball spielten. FWF wollte sich nicht damit begnügen, als Zaungast am Rande zu stehen, er wollte mitmischen. Gerade 15-jährig rief er mit einigen Gleichaltrigen den »Deutschen Fußball-Verein Hannover gegründet 1878« ins Leben. »Rugby Football« übersetzte man wortgetreu als »Fußball«.

Es war ein beschwerlicher Weg. Anfangs hatten die 40 Jungen gegen die Vorurteile der »Turnfanatiker« zu kämpfen. Aber auch mit mangelnder Ausrüstung und Regelkunde. Sie standen sich auf dem Feld häufig im Wege, und von geschlossenem Mannschaftsauftreten waren sie meilenweit entfernt. Zahlreiche Vereinsgründungen im Stadtgebiet folgten. So kam es, dass zeitgleich mehrere Vereine sehr engagiert und erfolgreich Rugby spielten. Schon die erste Deutsche Meisterschaft 1909 gewann ein hannoverscher Verein. Bei den insgesamt 85 Meisterschaften konnte sich 62-mal ein Club aus der niedersächsischen Landeshauptstadt mit einem Titel schmücken. 10-mal hieß der Deutsche Meister Hannover 78. Kein Wunder, dass der Bundesverband der Rugby-Spieler hier sitzt.

Hannover 78 ist im Bereich des Sportparks angesiedelt. Das eine Herz des Vereins schlägt für den Leistungssport in den Sparten Rugby, Hockey und Tennis. Das andere gehört dem Breitensport und der Jugendförderung. 78 sieht sich als große Familie und blickt mit dem Schlachtruf »bummelakka, tschingalakka, wuah« optimistisch in die Zukunft. Geht nicht, gibt's nicht, lautet die Devise.

Adresse Ferdinand-Wilhelm-Fricke-Weg 2, 30169 Hannover-Calenberger Neustadt | ÖPNV S-Bahn-Linie 3 oder 9, Haltestelle Stadionbrücke. Gehen Sie Richtung AWD-Arena. Dann nehmen Sie den Ferdinand-Wilhelm-Fricke-Weg, das Clubgelände liegt auf der linken Seite am Wegende. | Tipp Vor dem Clubgelände, an der Papageienbrücke, gibt es einen Freiluft-Fitnessparcours zur öffentlichen Nutzung.

41 Das Hardenbergsche Haus

Feiern und tagen in königlicher Lage

Das 1747 gebaute Wohnhaus von Friedrich Karl von Hardenberg liegt genau vor den Herrenhäuser Gärten. Von der Eingangstür des barocken Gebäudes kann man direkt auf eine der schnurgeraden Baumalleen schauen, die auf einen Pavillon zulaufen. Diese Sichtachse ist kein Zufall. Hardenberg war Leiter des hannoverschen Bau- und Gartendepartments. Er leitete den Ausbau und die Gestaltung der Herrenhäuser Gärten insgesamt 35 Jahre lang, davon 22 alleinverantwortlich. Da aus dieser Zeit keine Schriftstücke erhalten sind, ist ungeklärt, ob er die Entscheidungen für die Gartengestaltung selbstständig traf oder ob die Änderungen auf Anregungen des Monarchen Georg II. zurückgehen, der damals König von England und Kurfürst von Hannover war.

Hardenberg war ein Kind der Aufklärung und hatte vielfältige Interessen. Ob Kunst, Architektur, Literatur, Wirtschaft, Finanzen, Militär – er begeisterte sich für die verschiedensten Wissenschaften. Zahlreiche Bildungsreisen und diplomatische Missionen erweiterten seinen Horizont. Als er 1773 stirbt, fällt sein Wohnhaus in den Besitz der Krone. Bei der Besetzung Hannovers durch die Franzosen nimmt General Mortier hier Quartier, es folgt Jean-Baptiste Bernadotte, der Marschall Napoleons und spätere König von Schweden und Norwegen.

Heute ist das Haus im Besitz der Herrenhausen Verwaltungs GmbH Gastronomie & Co. KG, einer Tochter der Landschaftlichen Brandkasse (VGH Versicherungen) und erstrahlt nach neuerlicher Renovierung in seinem ursprünglichen Glanz. Räume und Garten können für Hochzeiten, Geburtstage oder Tagungen gebucht werden. Dann hat man Gelegenheit, im Gewölbekeller die besten Weine Deutschlands zu probieren oder im Speisesaal mit Blick auf Hortensienkarrees und Seerosenbecken stilvoll zu dinieren. Zu jeder Jahreszeit ist das Haus ein unvergleichliches Juwel hannoverscher Stadtgeschichte.

Adresse Alte Herrenhäuser Straße 10, 30419 Hannover, www.hardenbergsches-haus.de | ÖPNV ab Kröpcke Stadtbahnlinie 4 oder 5, Haltestelle Schaumburgstraße | Öffnungszeiten Das Haus kann nicht besichtigt werden. Ansprechpartnerin für Anmietungen: Frau Maike Thürnau, Tel. 0511/2793170 | Tipp Nicht schlemmen wie ein König, sondern wie ein Sultan: Ein paar Schritte entfernt an der Schaumburger Straße liegt Sultan Palace, das erste osmanische Restaurant Deutschlands, Motto: »Schlemmen wie in 1000&1 Nacht«, www.sultanpalace.de.

42 Das Hauptstaatsarchiv

Geschichte sammeln, registrieren, ablegen

Schon immer gab es Urkunden, die aufgehoben werden mussten. Dazu gründete man Archive. Mit der Zusammenlegung von Fürstentümern vereinte man auch die Urkunden. Als das Fürstentum Lüneburg im Kurfürstentum Braunschweig-Lüneburg aufging, musste aus der bisherigen Residenz in Celle Gewichtiges nach Hannover überführt werden – in das neue Archiv.

Das Hauptstaatsarchiv Hannover ist das älteste Archivgebäude Deutschlands, das immer noch seinem ursprünglichen Zweck dient. Es wurde nach Plänen des französischen Architekten Louis Rémy de la Fosse gebaut und stammt aus dem frühen 18. Jahrhundert. Zusammen mit dem gegenüberliegenden Gebäude, in dem heute das Umweltministerium seinen Sitz hat, bildet es einen fast schon italienisch anmutenden Komplex.

Im Inneren des Hauses fällt besonders das Treppenhaus auf, das vom ehemaligen Hauptaufgang des Barockgebäudes in den Anbau führt, der Ende des 19. Jahrhunderts nötig geworden war. Hier wähnt man sich in einem alten Palast.

Im Zweiten Weltkrieg kam es beim Luftangriff auf Hannover zu einer Brandkatastrophe, bei der rund 20 Prozent des gelagerten Archivmaterials den Flammen zum Opfer fielen. Geblieben sind über 40.000 Urkunden; Unterlagen aus niedersächsischen Ministerien und Zentralbehörden sowie ihren Vorgängerinstitutionen. Insgesamt befinden sich hier Akten, die hintereinander aufgereiht eine Länge von 40 Kilometern ergeben würden. Des Weiteren gibt es 67.000 historische Karten und Pläne, die darauf warten, begutachtet zu werden.

Der bekannteste Archivar, der in diesem Haus gearbeitet hat, war Johann Christian Kestner. Er war es, der seinem Referendarkollegen Johann Wolfgang Goethe die Amtmannstochter Charlotte Buff vor der Nase wegschnappte und heiratete. Goethe wurde später Pate ihres Kindes und brachte seine Liebesqualen und die seines Referendarkollegen in »Die Leiden des jungen Werther« zu Papier.

Adresse Am Archiv 1, 30169 Hannover-Calenberger Neustadt, Auskünfte zu Öffnungszeiten: Tel. 0511/1206601, www.staatsarchive.niedersachsen.de | **ÖPNV** Stadtbahnlinie 3, 7, 9, Haltestelle Waterlooplatz | **Tipp** Benutzer können vom heimischen Computer aus im Niedersächsischen Landesarchivs zum Beispiel zur Geschichte des eigenen Stadtviertels oder zur Ahnenforschung recherchieren. Die Bestände des Hauptstaatsarchivs sind fast vollständig einsehbar, www.aidaonline.niedersachsen.de.

43 Der Heinemanhof

Zigtausend Backsteine in bester Form

In Kirchrode befindet sich ein bauliches Kleinod des Architekten und Designers Henry van de Velde, der zur Keimzelle der Bauhaus-Architektur in Weimar gehörte. Sein Auftraggeber war Dannie N. Heineman, ein amerikanischer Ingenieur jüdischer Herkunft, der in Belgien mit der Leitung eines Transport-Unternehmens zu Geld gekommen war. Heineman fühlte sich Hannover verpflichtet, hier hatte er mit seiner Mutter gelebt und studiert. Selbst als er längst in Berlin gearbeitet, in Brüssel Karriere gemacht und schließlich den Weg zurück nach New York gefunden hatte, hielten seine engen Verbindungen zu Hannover. Seine Mutter wollte die Stadt nicht verlassen. Sturmfest und erdverwachsen – so sind die Niedersachsen nun mal.

Als sie im Jahre 1927 starb, wusste Heineman um die Probleme älterer, bedürftiger und vor allem alleinstehender Damen. Deshalb gründete er zum Gedenken an seine Mutter die »Minna-James-Heineman-Stiftung«, um vorzugsweise gebildeten Frauen jüdischen Glaubens den Lebensabend unentgeltlich zu versüßen. Hierfür entwarf und baute Henry van de Velde einen 500 Meter langen backsteinernen Baukörper auf 88.000 Quadratmetern Grundstück. Hinter den beiden Torgebäuden am Eingang zieht sich ein halber Kilometer Backstein in gerader Linie in die Länge und kommt abweisend wie eine Festung daher. Alles wirkt funktional und zweckbestimmt. Die spannendere Seite stellt die Südfassade mit den auflockernden Balkonen dar. Die 60 Damen, die nach der Fertigstellung einzogen, konnten sich jedoch nicht lange daran erfreuen – der Heinemanhof wurde schon bald zum überbelegten Judenhaus. Von hier aus erfolgte als trauriges Schlusskapitel 1941 der Transport der Bewohner ins KZ nach Riga.

Seit 1960 ist der Heinemanhof städtisches Altenheim, mittlerweile Kompetenzzentrum für Demenz. In den letzten Jahren sind 60.000 Ziegelsteine erneuert worden.

Adresse Heinemanhof 1–2, 30559 Hannover-Kirchrode | ÖPNV Stadtbahnlinie 5, Haltestelle Großer Hillen | Tipp Zwei Querstraßen weiter, in der Namedorfstraße 13, befindet sich das Atelier des Bronzekünstlers Wolfgang Mehl in einer alten Schlachterei, www.mehl-wolfgang.de.

44 Das Helmcke-Denkmal

Der Retter der Herrenhäuser Allee

Was wäre, wenn? Unvorstellbar, dass die schönste Allee Hannovers von Napoleons Soldaten beinahe einfach abgeholzt worden wäre! Damals führte sie weit vor dem Königsworther Platz dreireihig in gerader Linie auf den Bibliothekspavillon des Berggartens zu, der damals als Küchengarten der barocken Parkanlage diente.

Geschaffen wurde die Allee 1726/27 vom Gartenkünstler Charbonnier. Insgesamt 1.300 Linden pflanzte man auf einer Gesamtbreite von 30 Metern. Auf dem bekiesten Hauptweg konnten die Equipagen die »große Fahrt« vom Leineschloss zur Sommerresidenz im Großen Garten zurücklegen. Daneben gab es noch zwei seitliche, geschlossene Alleen. Die rechte für Reiter, die linke für Fußgänger. Schlagbäume an den Enden des Weges kontrollierten und wiesen unerwünschte Besucher ab. Die Schrankenwärter waren jedoch machtlos, als französische Soldaten zu Zeiten der Napoleonischen Kriege Hannover besetzten und für ihren kostspieligen »Königshof« in Kassel die Herrenhäuser Allee abholzen wollten. Das war die Stunde des Bäckermeisters und Getreidehändlers Johann Gerhard Helmcke. Durch Heirat einer wohlhabenden Witwe war er Mitinhaber einer traditionsreichen Bäckerei geworden. Kreditgeschäfte und Grundstücksspekulationen machten ihn später zum reichsten Bürger Hannovers. Allein durch den Verkauf des Leibnizhauses erzielte er einen Gewinn von 3.300 Reichstalern. Als Helmcke hörte, dass die Bäume der Herrenhäuser Allee gefällt werden sollten, zögerte er nicht und kaufte die Bäume den napoleonischen Truppen für 3.000 Taler ab und rettete sie so.

Gut angelegtes Geld. 1928, fast 100 Jahre nach seinem Tod, wurde Helmckes patriotische Baumrettungsaktion mit einem Porträt-Relief im Georgengarten geehrt. Es wurde im Zweiten Weltkrieg zerstört, 1952 aber ersetzt. Auf der Muschelkalksäule steht: »Dem Retter der Herrenhäuser Allee«. Na bitte! Sponsoring lohnt sich doch.

Adresse Herrenhäuser Allee, 30167 Hannover-Nordstadt | **ÖPNV** ab Kröpcke Stadtbahnlinie 4 oder 5, Haltestelle Schneiderberg, dann den Übergang in den Park nehmen | **Tipp** 1996 startete das Boulefestival als Boule- & A-cappella-Spektakel auf der Herrenhäuser Allee. Neben größeren Turnieren gibt es eine Vielzahl an Kleinturnieren und Spielgelegenheiten. Das Festival findet im Mai um Christi Himmelfahrt herum statt, www.allez-allee.de.

45 Der Hermann-Löns-Park

Freilichtmuseum mitten in der Stadt

In Kleefeld befindet sich eines der bedeutendsten Gartendenkmale der Stadt und wartet darauf, entdeckt zu werden. Entstanden ist der dem Heimat- und Heidedichter Hermann Löns gewidmete Park in den 1930er Jahren als eine Art Freilichtmuseum. Eilenriede und Tiergarten sollten miteinander verbunden werden, aber nicht mit einem normalen Park. Das erschien damals zu profan. Stattdessen sollte ein Gartendenkmal für die typische niedersächsische Landschaft mit einheimischen Pflanzen und Gebäuden geschaffen werden. So kommt es, dass der Park einerseits Sport-, Spielplätze, Wege und einen Teich bietet, andererseits mit einem typischen Niedersachsen-Hallenhaus aus Wettmar von 1720, einem Speichergebäude aus dem Jahr 1637 und einer Bockwindmühle von 1701 aufwartet. Die idealisierte Heimatlandschaft entsprach dem nationalen Zeitgeist – schließlich wurde der Park knapp zwei Wochen vor Beginn des Zweiten Weltkriegs fertig. Alle aufgestellten Gebäude wurden zuvor an anderen Orten abgetragen und hier wiederaufgestellt. Die Bockwindmühle hatte zuvor schon eine ganze Odyssee an Umzügen hinter sich. So musste sie vorher am Aegidientor, am Opernplatz und am Engesohder Friedhof weichen.

Um den Eindruck einer Seenlandschaft zu vermitteln, wurde damals der schon vorhandene Annateich vergrößert und in zwei Hälften geteilt. Heute wird er geprägt von Röhrichten und baumüberstandenen Hecken. Auf den ihn umgegebenden Wiesen- und Rasenflächen befinden sich zahlreiche kreisrunde Vertiefungen, verursacht durch die etwa 350 Fliegerbomben, die während des Zweiten Weltkriegs über dem Park abgeworfen wurden.

Ein 50-minütiger Hörspaziergang lädt zu »Wiesengeschichten« ein. Start ist an der Infotafel vor dem Annateich. Den QR-Code mit dem Smartphone scannen oder unter www.hermann-loens-park-hoeren.de laden.

Adresse Hermann-Löns-Park, 30559 Hannover-Kirchrode | ÖPNV Stadtbahnlinie 5, Haltestelle Annastift, den Elsa-Winokurow-Weg nehmen und Ausschilderung folgen | Tipp Im Parkrestaurant »Alte Mühle«, einem Niedersachsenhaus von 1720, können Sie sich stärken, www.alte-muehle.de. Hier gibt es auch Leihgeräte für den Hörspaziergang.

46 Die Hindenburgschleuse

Er schon wieder

Bereits 1905 hatte man den Bau des Mittellandkanals beschlossen, um Rhein und Oder quer durch Deutschland zu verbinden. Der erste Streckenabschnitt führte 1916 bis zum Lindener Hafen. Dann geriet der Bau ins Stocken. Nicht nur wegen der Proteste der Bauern aus dem Osten, die Wettbewerbsnachteile fürchteten, sondern auch, weil ein Höhenunterschied von circa 15 Metern zu bewältigen war. Klarer Fall: Eine Schleuse musste her. Es wurde die damals größte Binnenschleuse Europas. Das technische Meisterwerk entstand zwischen 1919 und 1928 und gilt als Hannovers bedeutendstes Wasserbauwerk.

Da in der Gegend um Anderten Mergelfels vorkommt, brauchte man allein fünf Jahre, bis die Baugrube der Schleuse ausgehoben war. Insgesamt 600.000 Kubikmeter Gestein fielen an, die man später beim Kronsberg entsorgte. Unmengen von wasserundurchlässigem Eisenbeton, Zement und Stahl wurden in dem Wasserbauwerk verbaut, gar nicht zu reden von den 3,5 Millionen Wasserbauklinkern für die Schleusenkammern. Auch die geschleifte Befestigungsanlage Helgolands aus robustem roten Granit fand beim Bau in Anderten neue Verwendung. Bloß nichts umkommen lassen, war damals die Devise der Altvorderen. Heute würde man es Recycling nennen. Zur Einweihung 1928 kam Reichspräsident Hindenburg persönlich und wurde gleich Namensgeber.

Die imposante Anlage verfügt als Doppelschleuse über zwei Schleusenkammern. Sie sind 225 Meter lang, zwölf Meter breit und an den Enden mit schweren Hub- und Klapptoren versehen. 20 elegante Ventilhäuser mit rotem Anstrich säumen die Becken. Vom Geländer aus kann man beobachten, wie die Schiffe per Funkanweisung innerhalb von 20 Minuten ein- und ausgeschleust werden.

Richtung Westen ist der Aufbruch technischer Ingenieurskunst in die Moderne erkennbar. Im »Brücken-Park« reihen sich innovative Brückenkonstruktionen auf 15 Kilometern aneinander.

Adresse An der Schleuse, 30559 Hannover-Anderten | ÖPNV S-Bahn-Linie 3 und 9, Haltestelle Bahnhof Anderten-Misburg, dann Buslinie 370, Haltestelle Hindenburgschleuse | Öffnungszeiten Besichtigt werden kann die Schleuse nicht, aber von der Schleusenplattform ist die gesamte Anlage für Fußgänger jederzeit einsehbar. | Tipp Wer den Mittellandkanal mit seinen Brücken hautnah erleben möchte, kann dies mit der Hannoverschen Personenschifffahrt tun. Das Programm mit unterschiedlichsten Fahrten finden Sie unter: www.ihme-schifffahrt.de.

47 Der Hinübersche Garten

Die Symbole der Freimaurer entziffern

Jobst Anton von Hinüber war Amtmann des Klosters Marienwerder, außerdem Legationsrat, Oberpostkommissar und Leiter der neu entstandenen Straßenbaudirektion. Als Stuhlmeister der Loge »Friedrich zum weißen Pferde« verschrieb sich Hinüber dem Ziel, innere Weisheit zu erlangen. Eine mehrmonatige Reise durch Großbritannien im Jahre 1766 brachte dem umtriebigen Mann englische Landschaftsgärten nahe. Sofort nach seiner Rückkehr begann er damit, ein »begehbares Landschaftsgemälde« auf den 40 Hektar weiten Flächen des Klosters anzulegen. Pflanzen sollten hier nicht geformt werden, sondern sich »betreut entfalten«.

So entstand einer der ersten Landschaftsparks Deutschlands. Da Jobst Anton von Hinüber Freimaurer war, hat er im Garten zahlreiche freimaurerische Symbole versteckt und außerdem mehr als 30 Tafeln mit Lebensweisheiten aufgestellt, von denen einige heute wieder zu sehen sind.

Die inszenierten Blickachsen vom Amtmannshaus bis zum »Hexenturm« und dem Obelisken sind im Laufe der Zeit zugewachsen. Das gleichschenkelige Dreieck war in alten Plänen nie zu übersehen, doch erst jetzt haben der Ururenkel Hinübers und zwei weitere Forscher die geheime Symbolik der freimaurerischen Zeichen im Garten entziffert. Der Rundgang durch den Park zeigt nicht nur Natur, er beschreibt die Entwicklung vom Lehrling bis hin zum Freimaurermeister. Die drei unbehauenen Findlinge unter dem Torso der alten Eiche, Druidenaltar genannt, stehen stellvertretend für den Lehrling, der am rauen Stein arbeitet, um seine Persönlichkeit zu entwickeln. An der »Berghalle« waren freimaurerische Sinnsprüche angebracht, Hinweis auf den Gesellengrad. Ein Grabhügel und ein Totenkopf an einer Eiche symbolisierten die Vergänglichkeit. Im Unterschied zu diesem fiktiven Friedhof ist der »Hexenturm«, der als Ruine angelegt worden war, mit seinen eingemauerten Skulpturen noch erhalten.

Adresse Quantelholz 62, 30419 Hannover-Marienwerder | **ÖPNV** Stadtbahnlinie 4, Haltestelle Marienwerder/Wissenschaftspark, 5 Minuten Fußweg | **Öffnungszeiten** jederzeit | **Tipp** Die Klosterkirche ist sonntags von 14 bis 16 Uhr geöffnet. Führungen durch Kloster Marienwerder sind nach Vereinbarung möglich, www.marienwerder.de.

48 Der Hiroshima-Gedenkhain

Vergangen ist nicht vergessen

Bereits seit 1968 existiert ein Kinder- und Jugendaustausch zwischen Hannover und Hiroshima, seit 1983 besteht die partnerschaftliche Verbindung zwischen den Städten, und der Deutsch-Japanische Freundschaftskreis Hannover-Hiroshima-Yukokai e.V. gründete sich im März 1985.

Vergangen ist nicht vergessen. Jedes Jahr wird am 6. August zum Gedenken an den Atombombenabwurf die Friedensglocke in der Ruine der hannoverschen Aegidienkirche geläutet. Am Rande der alten Bult – in der Nähe des Kinderkrankenhauses – gibt es seit 1992 außerdem den »Hiroshima-Gedenkhain«. 110 Kirschbäume wurden gepflanzt und sollen an die 110.000 Todesopfer erinnern, die unmittelbar nach dem Bombenabwurf am 6. August 1945 gestorben sind. Entstanden ist der Gedenkplatz aus der Idee der Friedensbewegung. Die Initiative »Ärzte warnen vor dem Atomkrieg« und das »Hiroshima Bündnis« kämpfen für eine atomwaffenfreie Welt und wollen dieses Anliegen ins Bewusstsein ihrer Mitmenschen rücken. Jedes Frühjahr wird ein Kirschblütenfest gefeiert. Außerdem finden an jedem Jahrestag des Bombenabwurfs besondere Veranstaltungen vor einem Gedenkstein statt, einer Granitplatte aus dem Straßenbahnnetz des zerstörten Hiroshimas. Darauf angebracht ist ein Relief der Friedensgöttin Kannon, das die Blicke aller Besucher auf sich zieht.

Vor einiger Zeit sind von Kindern angefertigte weiße Hände dazugekommen, die sich auf Stahlstangen gen Himmel strecken. Symbol für das Leid, das die Bombe über die Menschen gebracht hat.

An anderes Leid erinnert die benachbarte Janusz-Korczak-Allee. Korczak, ein jüdischer Arzt und Verfasser pädagogischer Bücher, gilt als »Vater der Kinderrechte«, für die er sogar sein Leben gab. Der Leiter eines Waisenhauses im Warschauer Ghetto begleitete seine Schutzbefohlenen bei ihrer Verlegung ins Konzentrationslager Treblinka – trotz eigenen Visums und Fahrkarte ins rettende Ausland.

Adresse Janusz-Korczak-Allee 12, 30173 Hannover-Bult | **ÖPNV** Stadtbahnlinie 6, Haltestelle Kinderkrankenhaus auf der Bult | **Tipp** Am Ende der Janusz-Korczak-Allee steht seit 1988 eine Janusz Korczak gewidmete Skulptur von Boleslaw Marschall. Titel: Das Kind lieben. Die grob gehauene Büste besitzt überdimensionierte Hände, die sich schützend um ein Kind legen.

49_Das Hohe Ufer

Aufbäumen gegen Mittelmaß und Langeweile

Trotz des »Wunders von Hannover« hatte die Stadt in den 60er Jahren ein Imageproblem. Eine Studie beschrieb sie 1969 als die »langweiligste Stadt Deutschlands« – gekoppelt mit Engstirnigkeit und Rückständigkeit. Da half auch Reinhard Schamuhn nicht, der hier 1967 den ersten Flohmarkt Deutschlands ins Leben rief.

Der kunstsinnige Stadtdirektor Martin Neuffer nahm diese Untersuchung zum Anlass, das Straßenkunstprogramm und die Hannover-Werbung zu initiieren. Eingeläutet wurde die »Neuerfindung« Hannovers im Sommer 1970 mit dem ersten Altstadtfest Deutschlands. Wo man zuvor nur Blasmusik von Schützenausmärschen auf der Straße gekannt und langhaarige »Gammler« mit Feuerwehrschläuchen vom Georgsplatz gespritzt hatte, lud die Stadt nun zum »Happening« – und viele kamen. Man wandelte durch einen riesigen Gummischlauch über den Maschsee, eine aufblasbare Plastikwurst verstopfte die Gassen der Altstadt, und dazwischen spielte Beat-Musik.

1972 stellte man den 29-jährigen Mike Gehrke als hauptamtlichen Imagepfleger ein, zuständig für Flohmarkt, Altstadtfest und Straßenkunst. Im Januar 1974 ließ er die drei »Nanas«, Frauenfiguren von Niki de Saint Phalle, am Hohen Ufer aufstellen. Ein entsetzter Aufschrei des »alten« Hannovers wuchs sich zur Protestwelle aus. Eine Bürgerinitiative sammelte 20.000 Unterschriften, Leserbriefe fluteten die Hannoversche Allgemeine. Von »Schnapsidee einer besoffenen Ratsherren-Stammtischrunde« bis hin zu »ekelhaften Scheußlichkeiten« war die Rede. Statt die drei großen Frauen der Stadt (Kurfürstin Sophie, Caroline Herschel und Charlotte Kestner) mit diesen »Monstren« zu beleidigen, hätte man besser Notarztwagen gekauft. Auf Initiative des Jazz-Clubs wurde auf einem neuerlichen Happening Geld für einen Rettungswagen gesammelt, um die Gemüter zu beruhigen. Mike Gehrke wurde trotzdem erst einmal unter Polizeischutz gestellt. Sicherheitshalber.

Adresse Am Hohen Ufer, 30159 Hannover-Mitte | **ÖPNV** Stadtbahnlinie 3, 7 und 9, Haltestelle Markthalle Landtag | **Tipp** Der älteste Flohmarkt Deutschlands findet hier jeden Samstag statt (im Sommer von 8 bis 16, im Winter von 9 bis 15 Uhr). Mittendrin das Marstalltor, ein Relikt aus der Zeit Georg I. Louis Rémy de la Fosse baute es 1717, seit 1967 steht es neben dem heutigen Historischen Museum.

50 Hommage an Schwitters

Re von nah, oder das Leben ist eine herrliche Erfindung

Der dänische Maler Per Kirkeby findet, dass Schwitters der verkannteste Künstler unseres Jahrhunderts ist. Seiner Meinung nach sei selbst in Deutschland seine wahre Größe nicht bewusst. In Schwitters' Heimatstadt Hannover gibt es in der Knochenhauerstraße eine im Fußweg eingelassene Gedenktafel, über die viele achtlos hinwegstapfen. Dauerhafte Gedenktafel? Ja. Größe? Eher mäßig. Lindener Künstler schufen 2011 auf ihre Art Fakten und setzten ein gebührendes Zeichen für den Mann mit den Denkanstößen. Keine Bronzebüste, sondern »genehmigte« Streetart, die farbenfroh und vor allem groß auf einer Hausfassade in der Velberstraße mit ineinander verschobenen Motiven eine Hommage an Schwitters schuf. Details wie Auge, Zahlen, Papierfetzen, eine Taube oder ein aufgeschlagenes Buch, sowie Zitate aus Schwitters' »Das Leben ist eine herrliche Erfindung«rundeten das Werk ab.

Am Kulturbetrieb vorbei inszenierten die Künstler an dieser Stelle das »größte« Denkmal für den 1887 geborenen Schwitters, der sich keiner Kunstrichtung unterordnen wollte und deshalb selbst eine erfand: MERZ. Auch absurde, zum Nachdenken anregende Wortspiele waren seine Sache. 1920 schrieb er: »Liest man aber Hannover von hinten, so ergibt sich die Zusammenstellung dreier Worte: ›re von nah‹. Das Wort ›re‹ kann man verschieden übersetzen … Ich schlage die Übersetzung ›rückwärts‹ vor. Dann ergibt sich also die Übersetzung des Wortes Hannover von hinten: ›Rückwärts von nah‹. Und das stimmt insofern, als dann die Übersetzung des Wortes Hannover von vorn lauten würde: ›Vorwärts nach weit‹. Das heißt also: Hannover strebt vorwärts, und zwar ins Unermessliche.«

Die Collage hat nicht überdauert, sie ist nun von einem Neubau verdeckt. An der Hausvorderseite erinnert eine deutlich kleinere Collage an Schwitters MERZ, die Hommage von 2011. Nichts ist für immer. Da Da Da Da.

Adresse Velberstraße 6, 30451 Hannover-Linden-Nord | **ÖPNV** Stadtbahnlinie 10, Haltestelle Leinaustraße | **Tipp** Gegenüber im Kalah, Velberstraße 5, gibt es wechselnden Mittagstisch, Pizza, Pasta und Salat. Satt essen zum kleinen Preis. Motto: Da trifft man Mutti und Vatti und sogar die Kiddies, Tel. 0511/440808, www.cafekalah.de.

51 Das Hundeloch

Unbekannte Seiten des Von-Alten-Gartens

Seit dem 13. Jahrhundert beherrschte die Familie von Alten Linden. Auf ausgedehnten Ländereien wurde Landwirtschaft, Fischerei und Handwerk betrieben. Die Lindener waren ihnen den Zehnten an Korn und Fleisch schuldig, mussten Hand- und Spanndienste an 30 Tagen im Jahr leisten. Auch die niedere Gerichtsbarkeit lag bei der Familie. Kleinere Delikte, wie Diebstahl, Ehebruch oder Prügeleien, verhandelte man gleich vor Ort.

Schreitet der Besucher durch das Torhaus und geht bis in den hinteren Teil des Von-Alten-Gartens, entdeckt er ein Fenstergitter. Eingelassen in Mauerreste wurde es von der Bevölkerung damals wie heute schlicht Hundeloch genannt. Ungemütlich wird es zugegangen sein, wenn die armen »Hunde« nach dem Urteil im feuchten Kerker »eingelocht« saßen, um ihre Strafe abzusitzen.

Aber auch für die von Altens kamen schlechtere Zeiten. Als ihre Finanzen in Schieflage gerieten, verpfändeten sie ihren Besitz 1688 an den Grafen von Platen-Hallermund. Hier endet die Geschichte des Gefängnisses und die des Gartens beginnt.

Der ehrgeizige Franz von Platen benötigte das Landgut, um einen Sitz im Landtag zu bekommen. Sein Plan ging auf, und er wurde 1689 Reichsgraf und Premierminister des späteren Kurfürsten Ernst August. In dieser Position brauchte von Platen nicht nur einen Gutshof, sondern auch einen Wohnsitz mit repräsentativem Ambiente. So ließ er sich ein kleines Schloss erbauen und einen Barockgarten nach französischem Vorbild anlegen. Gartenmeister René Dahuron besorgte die Pflanzen und Utensilien für die barocke Gartenanlage aus Frankreich und wetteiferte bei der Gestaltung mit der fürstlichen Sommerresidenz in Herrenhausen. Während Leibniz dort noch an den Wasserspielen tüftelte, nutzte man in Linden hierfür die vorhandenen Quellen des Lindener Berges. Noch heute sind Reste der Gartenmauer an der Wachsbleiche hinter dem Deister-Kreisel zu sehen.

Adresse Posthornstraße, 30449 Hannover-Linden-Mitte | ÖPNV Stadtbahnlinie 7, Haltestelle Nieschlagstraße | Öffnungszeiten Die Grünanlage ist mit Ausnahme des ehemaligen Gartenparterres frei zugänglich: Nov.–Feb. 8–17 Uhr, März–April 8–19 Uhr, Mai–Aug. 8–21 Uhr, Sept.–Okt. 8–19 Uhr | Tipp Das Schloss wurde im Krieg zerstört. An seinem ehemaligen Standort sind die Terrassenanlage und die Grotte erhalten, Skulpturen wurden wiederaufgestellt.

52 Auf der Ihme

Die Stadt aus der Entenperspektive erleben

Wer eine völlig neue Perspektive auf die Stadt haben möchte, sollte eine Kanutour buchen. Mit oder ohne Begleitung kann man in Gruppen von zwei bis 200 Personen auf Hannovers Wasserstraßen paddeln. Einsetzstelle einer beliebten Tour durch die Innenstadt ist das Leinewehr am Schnellen Graben.

Hier steht das Kanu zum verabredeten Zeitpunkt mit kompletter Ausrüstung bereit, zu der außer den Paddeln auch eine Schwimmweste gehört. Es folgt eine Einweisung in Technik und Sicherheit, dann kann der Spaß auf dem Wasser beginnen. Die Tour führt vorbei an Fassaden alter Häuser und unter Steinbrücken hindurch. Nach dem »Leineponton« geht's Richtung »Strandleben«, Hannovers alternativem Beachclub ganz in der Nähe des Sportzentrums der Universität. Bei gutem Wetter sind die roten Sonnenschirme aufgespannt, und Musik schallt bis aufs Wasser. Auf dem aufgeschütteten Sandstrand räkeln sich die Anwohner aus dem benachbarten Linden und der Nordstadt in Liegestühlen, auf der Nase eine Sonnenbrille, in der Hand ein Buch, gerne auch ein Bier oder eine Bionade.

Die etwa dreistündige Rundtour geht weiter über die Ihme und den Schnellen Graben, am Ihme-Zentrum vorbei zurück zum Startpunkt. Alternativ kann man auch an der Limmer Schleuse einsteigen und die Ihme aufwärtspaddeln. Aber egal, welchen Weg Sie wählen, Sie werden überrascht sein, wie ruhig sich das Leben vom Wasser aus anfühlt. Weiden lassen ihre Äste romantisch in den Fluss hängen, Ruderboote liegen vertaut an Holzstegen, Angler versuchen ihr Glück am Uferrand. Wer nach einer solchen »Schnupper-Kanutour« Lust auf mehr hat, kann sich einem der zahlreichen Wassersportvereine in Hannover anschließen, die die Wasserökologie immer fest im Blick haben. Höhepunkt des Jahres ist für sie das Drachenbootrennen auf dem Maschsee. Teams aus ganz Deutschland feiern Pfingsten hier ein Open-Air-Fest der besonderen Art.

Adresse Leinewehr, über: Ferdinand-Wilhelm-Fricke-Weg 2b, 30169 Hannover | ÖPNV Stadtbahnlinie 3 oder 9, Haltestelle Stadionbrücke. Überqueren Sie nach rechts die Hauptstraße und gehen nun direkt auf die AWD-Arena zu. Hinter der Brücke, an der abknickenden Vorfahrt, wenden Sie sich nach rechts in den Ferdinand-Wilhelm-Fricke-Weg. | Tipp Man kann auch hinter dem Wehr in Döhren paddeln. Für kurzfristigen Kanuverleih in Hannover täglich zwischen 10 und 18 Uhr, www.kanu-allerhorn.de oder www.paddeltouren.de.

53 Jacobsstraße Nummer 10

Die Wiege der Nachkriegs-SPD

Hannover schickte viele Politiker ins Rennen auf die große bundespolitische Bühne – was von der Ferne in den letzten Jahren argwöhnisch beäugt wurde. Immer wieder war von der Hannover-Connection die Rede. Dabei ist das Phänomen seit der Personalunion mit dem englischen Königshaus bekannt.

Im Schatten der »Brutalarchitektur« des Ihme-Zentrums liegt die schmale Jacobsstraße. In Haus Nummer 10 kam es nach Kriegsende zu einer besonderen Allianz von SPD und KPD. Kurt Schumacher kam nach langen Haftjahren in Dachau und Neuengamme zu seiner Schwester nach Hannover und richtete hier unter dem Namen »Büro Schumacher« die Organisationszentrale der SPD im Hochparterre ein. Im selben Haus, in der Wohnung des Tänzers Maxim Bosse, war das Parteibüro der KPD untergebracht.

Ab September 1945 verbesserte sich die rechtliche Situation, und Schumacher agierte wieder öffentlich. Der studierte Jurist lebte und arbeitete fortan nur noch für seine Partei. Privatleben kannte der Mann, der aus Sicht alter Weggefährten ein körperliches Wrack war, nicht. Schon im Ersten Weltkrieg war er von einer Granate getroffen worden, mit 19 Jahren verlor er seinen rechten Arm, und 17 Splitter begleiteten ihn zeitlebens. Nach den Misshandlungen in den Konzentrationslagern war er fast erblindet. Trotzdem oder gerade deswegen arbeitete er unermüdlich an seiner Vision einer SPD im Westsektor. Vom 5. bis zum 7. Oktober 1945 fand die erste zentrale Konferenz der Sozialdemokratie nach dem Krieg in einem Wirtshaussaal in Wennigsen statt. Hier proklamierte Schumacher den Leitgedanken des noch ungeschriebenen sozialdemokratischen Programms: Hilfe für alle Elenden und Schwachen.

In der heutigen Telekom-Kantine im Ernst-Winter-Saal auf dem Hanomag Gelände fand 1946 der erste Parteitag der SPD statt. Schumacher wurde dort zum 1. Vorsitzenden gewählt und blieb es bis zu seinem Tode 1952.

Adresse Jacobsstraße 10, 30449 Hannover-Linden-Mitte | ÖPNV Stadtbahnlinie 10, Haltestelle Küchengarten, dann über die Stephanusstraße und links in die Gartenallee abbiegen. Nach wenigen Metern kommt die Jacobsstraße. | Tipp »Und der böse Wolf« lädt keine fünf Gehminuten entfernt, in der Heesestraße 1, zum thailändischen Essen und Fußballgucken ein, im Sommer auch im Freien, www.undderboesewolf.de.

54 Die Kaiser-Wilhelm-Straße

Der Kopist von Kühlshausen

Im Zentrum von Kirchrode liegt die Kaiser-Wilhelm-Straße. Die Namensgebung wurde 1904 von »Allerhöchster Kabinettsorder« genehmigt, denn so ohne Weiteres konnte man den Namen des Kaisers nicht verwenden. Schon gar nicht für profane Zwecke. Einer Gaststätte in Kirchrode war es jedoch 1830 gelungen, sich mit offizieller Genehmigung »Zum Kronprinzen« zu nennen, weil jener auf einem Kaisermanöver am Kronsberg ein menschliches Bedürfnis verspürt und das Plumpsklo der Gaststätte aufgesucht hatte. Vielleicht kam Johannes Kühl deshalb auf die Idee, Kaiser Wilhelm beim Betreten eines Flaggschiffes in Blankenese abzupassen und ihm die Genehmigung für den Straßennamen abzuluchsen.

Kühl, ein Mann aus Fehmarn, der in zweiter Ehe nach Hannover geheiratet hatte, gründete in der Glockseestraße erst eine Dampfbäckerei, dann eine Hundekuchen-Fabrik. Die Geschäfte liefen gut, und als er die Fabrik verkaufte, machte er einen satten Gewinn, mit dem er Bauland in Kirchrode erstehen konnte. Der Neureiche beließ es jedoch nicht dabei, nur Grundstücke zu verkaufen, er entdeckte seine Leidenschaft für die Architektur. Kühl bezog Fachzeitungen aus der Schweiz und kopierte, was ihm gefiel. Ein Bauunternehmen setzte anschließend alles in Stein um. Herausgekommen sind Häuser mit Türmen in allen Variationen. Von Renaissance-Elementen bis zum Schweizer Landhaus ist alles vertreten. Kühl baute nicht nur, er zog auch in fast jedes Haus ein, wohnte es trocken, wie man damals sagte. Zum Dauerwohnsitz wählte er Hausnummer 1, die »Villa Fernblick«, mit freier Sicht zu den Mardalwiesen.

Johannes Kühl pries seine Häuser im eigens gefertigten Prospekt als »Villen-Kolonie Kühlshausen« an. Der Name blieb haften. Ein Reporter des Hannoverschen Anzeigers, Hermann Löns alias Fritz von der Leine, hob die »schmucken Villen von Kühlshausen« auf dem Weg zum Tiergarten hervor.

Adresse Kaiser-Wilhelm-Straße 1, 13, 14, 24, 30559 Hannover-Kirchrode | **ÖPNV** Stadtbahnlinie 2, umsteigen am Aegidientorplatz in Stadtbahnlinie 5, Haltestelle Kaiser-Wilhelm-Straße | **Tipp** Der Verein zur Förderung der Frohsinnigkeit im Nikolauswesen hat seinen Sitz in Hausnummer 2. Bock auf Wild? Fahren Sie zwei Stationen weiter und besuchen Sie den Tiergarten. Frei laufende Rehe und Hirsche, Wildschwein- und Pferdgehege laden zum kostenlosen Besuch ein.

55 Das Klärwerk

Vom Kotgraben zur Abwasserreinigung

Vor der Marktkirche kann man einen entdecken. Hinter dem Neuen Rathaus wird man fündig, ebenso auf der Marienstraße. Die Rede ist von den letzten ursprünglichen Kanaldeckeln, die seit dem Bau der Kanalisation die Einstiegslöcher abdecken.

Vorher hatte man sich mit einem »Kotgraben« beholfen, der die Altstadt halbkreisförmig umschloss. Zweimal wöchentlich wurde er eine halbe Stunde mit Frischwasser geflutet, um etwas gegen den »unleydlichen Gestank« der Exkremente zu tun, die gerade in den Sommermonaten für epidemische Krankheiten sorgten. Um 1890 war es endlich so weit: Aus Berlin kam die Genehmigung für den Bau eines völlig neuen Abwassersystems. 1893 entstand ein Pumpwerk nahe der Königsworther Brücke. Abwässer, Fäkalien und Regenwasser fanden gemeinsam den Weg durch eine Rohrleitung Richtung Herrenhäuser Wasserkunst. Damit nicht genug. Berlin forderte, dort binnen fünf Jahren ein Klärwerk zu errichten, um die Leine sauber zu halten.

Die Herrenhäuser waren sehr stolz auf ihren Stadtteil. Schon im 18. Jahrhundert empfanden sie ihn als schönsten Vorort Hannovers, hatten doch die Gestaltung der Herrenhäuser Gärten und Leibniz' Pläne zur Erweiterung der Wasserspiele europaweite Beachtung gefunden. Als um 1900 bekannt wurde, was Berlin forderte, schlug der Bürgerverein daher Alarm und reichte eine Eingabe beim Magistrat der Stadt Hannover ein, die jeder Bürgerinitiative der heutigen Zeit zur Ehre gereichen würde. »Was soll aus Herrenhausen werden, wenn nun auch noch die Kläranlage kommt? Sie darf und wird nicht kommen!«, forderte man. Das Hickhack zog sich ein paar Jahre hin, erst 1905 begann man tatsächlich mit dem Bau. Mittlerweile haben sich alle Gemüter beruhigt, und das Klärwerk feierte sein 100-jähriges Jubiläum. Fast 70.000 Kubikmeter Abwässer werden dort täglich gereinigt und mit Flusswasserqualität nach 20 Stunden wieder in die Leine geleitet.

Adresse Dünenweg 20, 30419 Hannover-Herrenhausen | ÖPNV Stadtbahnlinie 4 und 5, Haltestelle Leinhausen/Bahnhof | Öffnungszeiten Führungen finden von Mo–Fr statt, sind kostenfrei und dauern rund 2,5 Stunden, Anmeldung erforderlich, Tel. 0511/16847477 | Tipp Fragen Sie nach, ob Sie die sogenannte Igitt-Igitt-Röhre besichtigen können: eine Plexiglasröhre, die den Müll sichtbar macht, der täglich in Hannover durch den Abfluss kommt.

56 Das Klein Kröpcke

Die Fata Morgana in der Nordstadt

In der Callinstraße traut man seinen Augen kaum: Gegenüber des schlossartigen, barock anmutenden Gebäudekomplexes des Chemischen Instituts überrascht ein Rundbau – er erinnert an ein emotional besetztes Gebäude in Hannover, von dem seit 1976 kein Stein mehr auf dem anderen steht, weil es dem U-Bahnbau zum Opfer fiel: das Café Kröpcke.

Das Café im Herzen der Stadt war 1869 von Hof-Konditor Georg Robby gegründet worden. Es erfreute sich großer Beliebtheit und wurde kurz »Café Robby« genannt. 1885 übernahm einer der Oberkellner, Wilhelm Kröpcke, die Leitung. Zehn Jahre später firmierte das Café schon unter seinem Namen. In den 20ern pulsierte hier das kulturelle Leben Hannovers, und als Kröpcke 1919 starb, wäre niemand auf die Idee gekommen, das Lokal nach seinem Nachfolger, Emil Pfefferle, zu benennen. Kröpckes Name war für immer mit dem Café verbunden. Selbst der Platz links der Oper wurde nach ihm benannt. Einen Schlussstrich setzte der Bombenangriff vom 26. Juli 1943.

Der Architekt Dieter Oesterlen durfte nach dem Krieg mit dem Neubau des Café Kröpcke sein erstes Projekt verwirklichen, mit Leichtmetall, Holz und abgerundetem Glas – in ähnlicher Weise wie das Vorkriegsmodell. So steht es überall geschrieben. Wie aber kommt der kleine Zwillingsableger in die Nordstadt? Vielleicht hat der spätere Stararchitekt Niedersachsens heimlich in einer Bombenlücke geübt.

Vor über 30 Jahren hat die erste hannoversche Kneipenkooperation das Haus mit der markanten Rundung übernommen und zu einer Szenekneipe entwickelt, die nicht nur mit einem heckenumzäunten Biergarten aufwartet, sondern auch im Inneren für kollektive Belustigung sorgt. Ob Skat, Doppelkopf oder Livemusik – hier ist für jeden Nordstädter etwas dabei, der sich von den anstrengenden Vorlesungen erholen will.

Adresse Callinstraße 2, 30167 Hannover-Nordstadt, www.klein-kroepcke.de | **ÖPNV** Stadtbahnlinie 4 und 5, Haltestelle Schneiderberg | **Tipp** Gehen Sie bis zur Asternstraße weiter, dann kommen Sie zum Langen Felde 28. Dort befindet sich die sehenswerte Alte Feuerwache mit den originalen Toren. Heute ein Jugendzentrum, beherbergte das Gebäude um 1910 den weltweit ersten motorisierten Feuerwehrlöschzug.

57 Das Kolonieheim

Entspannung in Spießers Wunderhorn

Sonntagmorgens um elf ist die Welt noch in Ordnung. Erst recht in den Kolonieheimen der Schrebergärten. Bis vor kurzem war »Zur Sonne« der Treffpunkt für etliche Männer zum Frühschoppen und Skat spielen, während hinter den Hecken Rasenmäher schnarrten und Schubkarren quietschten. Das älteste Kolonieheim Hannovers stand seit 1926 zwischen akkurat geschnittenen Hecken, abgesteckten Wiesen, winkenden Gartenzwergen, Kartoffeln und Blumen. Nun ist es dauerhaft geschlossen. In den Kleingärten wird aber weitergewerkelt. Fast scheint es so, als würde die Zeit hier stillstehen – wenn da nicht ab und an eine verwilderte Fläche wäre, die der Ehrenkodex keines Schrebergärtners vor 30 Jahren zugelassen hätte.

Als Dr. Schreber Mitte des 19. Jahrhunderts in Leipzig Grünflächen für die Kinder in Städten forderte, wusste er nicht, welche Lawine er lostrat. Der Nachwuchs verlor schnell die Lust an der Gartenarbeit, die Eltern umso weniger. Die pflanzten nicht nur, die teilten ab und setzten Zäune. Es war die Geburtsstunde des Schrebergartens, den es nur im Plural und parzelliert gibt. 20.000 davon allein in Hannover, bundesweit zählt man mehr als eine Million.

Der Verein Steintormasch mit den Kolonien Rosendorf, Georgengarten, Dornröschen und Wiesengrund hat seine Parzellen auf einem Gelände jenseits der Herrenhäuser Gärten, wo sich bis 1898 die Steintormasch erstreckte.

Das Überflutungsgebiet der Leine mit wucherndem Unkraut und wildem Müll wurde von den Pionieren der Schrebergartenbewegung aus Linden, Limmer und der Nordstadt in harter Arbeit kultiviert. Als »Spießers Wunderhorn« verlachte man diese Bemühungen der »Kleinen Leute«. Erich Kästner lästerte: »Es ist so schön, Radieschen auszugraben.«

Jetzt erlebt die Bewegung eine ökologische Renaissance, mit ihr wandelt sich das Selbstverständnis der Kleingärtner. Unter jungen Leuten ist es »in« seine Öko-Radieschen selbst zu ziehen.

Adresse In der Steintormasch 47, 30167 Hannover-Nordstadt | ÖPNV Stadtbahnlinie 5, Haltestelle Schneiderberg | Tipp In der Steintormasch 5 gibt es eine Pit-Pat-Anlage, eine Kombination aus Minigolf und Billard.

58 Königliche Kavallerieschule

Hinterlassenschaft der Dragoner

Als die Jugend 1970 im Freizeitheim Vahrenwald am Samstagabend zur Musik der Scorpions tanzte, war von der Königlichen Kavallerieschule nicht mehr viel zu sehen, die dort 1875 für Deutschlands Reiterelite angelegt worden war.

200 Soldaten und 400 Pferde zogen damals hierher, die Räumlichkeiten in der Innenstadt waren auf Dauer zu eng geworden. Der Architekt des »Königlich-Preußischen Militär-Reit-Instituts«, Baulöwe Ferdinand Wallbrecht, bekam als Entlohnung die ehemaligen Militärgrundstücke am Marstall und am Steintor. Ideales Gebiet, um Wohn- und Geschäftshäuser zu bauen. Aber zuvor mussten erst einmal die Kasernengebäude aus Ziegelstein auf dem 5,5 Hektar großen Grundstück in Vahrenwald errichtet werden: ein zweistöckiges Direktorenhaus und ein dreistöckiges Kasernenhaus für die Unteroffiziere und die Mannschaften. Darüber hinaus gab es etliche Geschäftszimmer, umfangreiche Stallanlagen, sechs »Königliche Reithallen«, überdachte Reitbahnen und Reitplätze. Kaiser Wilhelm II. schaute jedes Jahr zu den Paraden vorbei.

Im Zweiten Weltkrieg wurden die Anlagen stark beschädigt. Der ehemalige Reitplatz wandelte sich 1986 zum Vahrenwalder Park. Die noch erhaltenen Gebäude renovierte man. Sie stehen mittlerweile unter Ensembleschutz. In der letzten bestehen gebliebenen Reithalle liegt Richtung Parkseite das Cavallo, Bühne für private und gesellschaftliche Highlights. Zur Straßenseite erstreckt sich über drei Etagen das Büro von Steindesign. Hier wurde Deutschlands erster Büro-Golf-Club gegründet. Daneben liegen die ehemaligen Stallungen mit Kreuzgewölbe. Im Basil kann man auf hohem Niveau speisen. Anschließend lohnt ein Besuch im Acanto. Die hippe Bar sorgt mit Kristalllüstern und einer ausgeklügelten Säulenbeleuchtung für Nachtleben im historischen Ambiente. In der gegenüberliegenden Alten Fechthalle ist ein angesagtes Wohnquartier entstanden.

Adresse Dragonerstraße 34–28, 30163 Hannover-Vahrenwald, www.cavallo-reithalle.de, www.basil.de, www.acantohannover.de | ÖPNV Stadtbahnlinie 1 oder 2, Haltestelle Dragonerstraße | Öffnungszeiten Der Park ist immer geöffnet. | Tipp Direkt hinter dem Park liegt das Vahrenwalder Bad, ein sportgerechtes Familienhallenbad mit japanischem Saunagarten, Tel. 0511/16844629.

59 Die Königsworther Brücke

Gartenkosaken und Fabelwesen der Unterwelt

Schon im 18. Jahrhundert gab es in diesem Gebiet eine Ansammlung von Gartenhäusern, die 1829 zur eigenständigen Ortschaft erhoben wurde. Hier lebten die sogenannten Gartenkosaken, ein historischer Begriff, den die Hannoveraner prägten und der für kleine Gartenbesitzer ohne Bürgerrecht galt. Wegen der Lage am Fluss zogen später Gerber und Färber in dieses Gebiet, woran die Straßennamen bis heute erinnern.

1889 baute man die Lindener Straße als direkte Verbindung vom Königsworther Platz nach Linden. Erst 1905 gab man sich einen Ruck und benannte sie in Königsworther Straße um, als Erinnerung an die Ortschaft Königsworth, die 1859 eingemeindet wurde. Nun entstanden die ersten Villen und mehrgeschossigen Wohnbauten, die die Gartenhäuser ersetzten. Das letzte wurde 1980 abgerissen.

Die prunkvolle Königsworther Brücke wurde 1856 aus klotzigen Natursteinen errichtet, an den vier Brückenköpfen und in jedem Bogensegment ist die Brücke reich mit Stilelementen der Neorenaissance und des Neobarock verziert.1898 erhielt die Segmentbogenbrücke als Verzierung die vier von Carl Dopmeyer gestalteten Prachtkandelaber. Barbusige Nixen mit Engelsflügeln und andere Fabelwesen aus den Tiefen der Meere können die Phantasie beflügeln. Besonders in der Dämmerung, wenn die drei Laternen, die auf jeder der vier mächtigen Wachturm-Skulpturen thronen, die Brücke in ein warmes Licht tauchen, erwachen die Figuren scheinbar zum Leben. Allesamt sind übrigens aus Kupfer.

Ein Abstecher in Richtung Fluss lohnt. Über die Fußgängerbrücke »An der Roneburg« (heute Eventgastronomie) geht es über die Leine. Läuft man weiter, kommt man zur denkmalgeschützten Dreyerbrücke. Sie erinnert an Georg Dreyer, der im Färber- und Gerberviertel 1874 eine Schönfärberei gründete, ganz in der Nähe der hannoverschen Traditionsfirma Stichweh, die 1860 ihren Betrieb an der Andertenschen Wiese hatte.

Adresse Königsworther Brücke, Königsworther Straße, 30167 Hannover-Calenberger Neustadt | ÖPNV Stadtbahnlinie 10, umsteigen am Steintor, Stadtbahnlinie 5, Haltestelle Königsworther Platz | Tipp Schräg gegenüber, im denkmalgeschützten Pumpwerk (einst Künstleratelier, später Ballettschule) ermöglicht das Institut für Gestaltungs- und Kunstwissenschaft (IGK) im ehemaligen Tanzsaal mit Bühne und im Hof der Brühl'schen Villa (»look & think«) temporäre Ausstellungen und kulturelle Abendveranstaltungen, www.igk.phil.uni-hannover.de.

60 Die Kreuzkirche

Keine Duve auf dem Turm

Die Kreuzkirche wurde 1333 eingeweiht und hat durch zahlreiche Um- und Anbauten ihr Erscheinungsbild verändert. Auch Krieg und Unwetter setzten dem Gebäude zu. So wurde 1631 die Turmspitze bei einem Sturm zerstört. Das war die Stunde von Johann Duve.

Der Sohn eines Seidenhändlers war als Kriegslieferant zu Geld gekommen und hatte mit seinen Mühlen, Webereien und einem Bauunternehmen ein beträchtliches Vermögen angehäuft. Er »stiftete« 100 Taler für den neuen Turmhelm. Zum Dank durfte er neben der Kirche die »Duvekapelle« errichten. Als Bonbon setzte er auf die Turmspitze eine goldene Taube, die »duve«, wie Taube auf Niederdeutsch heißt. Pikant, dass der »großzügige« Spender mit dem Bau an die 3.000 Taler verdiente. Dabei hatte die Kreuzkirche noch Glück, dass die Baumaßnahme überhaupt hielt, was Duve versprach. An der Johanneskirche setzte Duves Firma die Baumaterialien so sparsam ein, dass der Turm nach 20 Jahren wieder einbrach. Sein Geiz stürzte auch ihn selbst in den Ruin. 1666 pachtete er die städtische Münzstätte Hannovers. Um zu sparen, verwendete er beim Münzprägen so schlechtes Material, dass man nicht nur ihm, sondern auch der Stadt das Münzprivileg entzog. Hannovers erster Kapitalist war pleite.

Durch Luftangriffe im Zweiten Weltkrieg wurde die Kreuzkirche weitgehend zerstört und Ende der 50er Jahre wieder aufgebaut. Nur noch ein Stein an der Nordostseite trägt den Familiennamen Duve und zeigt zwei Tauben im Wappen. Im schlicht gehaltenen Inneren kann man ein Altargemälde von Lukas Cranach dem Älteren bewundern, das eigentlich für das Einbecker Alexanderstift bestimmt gewesen war. Nach einer »Einkaufstour« von Herzog Johann Friedrich landete es in seiner Schlosskirche. Diese wurde im Krieg zerstört, genau wie die Aegidienkirche. Auch deren drei Messingkronleuchter aus dem 17. und 18. Jahrhundert haben hier ihren Platz gefunden.

Adresse Kreuzkirchhof 1–3, 30159 Hannover-Mitte | **ÖPNV** Vom Bahnhof aus erreichen Sie die Kreuzkirche zu Fuß in 10 Minuten via Bahnhofstraße über Kröpcke, Karmarschstraße und Osterstraße oder Stadtbahnlinie 3, 7, 9, Haltestelle Markthalle | **Öffnungszeiten** täglich 10–18 Uhr (Turmportal) und zu den Gottesdiensten, So 11 Uhr. Termine für Führungen unter www.kreuzkirche-hannover.de | **Tipp** Durch den Kreuzkirchhof gelangen Sie zum Ballhof. Das Gebäude wurde um 1650 von Herzog Georg Wilhelm zum Federballspielen errichtet. Vom Teestübchen aus lässt sich das Treiben auf dem belebten Platz nicht nur bei einer Tasse Tee genießen.

61 Der Kronsberg

Nachhaltiges Wohnen auf Weltniveau

Auf dem Weltstädtegipfel (World Cities Summit) hat eine unabhängige, internationale Jury die Kronsberg-Siedlung als eines der innovativsten Infrastrukturprojekte der Welt ausgezeichnet. Es ist das einzige städtebauliche Vorzeigeobjekt Deutschlands, das es in die Top 100 der Welt geschafft hat – und steht damit neben Projekten in Katar, den Vereinigten Arabischen Emiraten, Japan und den USA. Beurteilungskriterium der Jury war die Kombination überdurchschnittlicher, aber dennoch erschwinglicher Wohnqualität mit hohen ökologischen Standards in naturnaher Umgebung.

Erwachsen ist die Siedlung im Rahmen der Konzeption für die Expo 2000, als es galt, ökologische Niedrigenergiehäuser auf dem Westhang des Kronsbergs anzulegen. In nur zweieinhalb Jahren entstanden nahezu 3.000 Wohnungen. Das Weltausstellungsgelände selbst entwickelte sich am Fuße des Südwesthanges, direkt an der Chicago Lane und dem Boulevard de Montreal. Durch den Aushub der Expo-Baustelle wuchs die höchste natürliche Erhebung des hannoverschen Stadtgebiets von 104 auf 118 Meter an und hat nun fast die Höhe der Mülldeponie in Lahe erreicht. Früher bewaldet, wurde der Kronsberg gerodet und hauptsächlich landwirtschaftlich genutzt. Mit 600 Hektar weist er das größte zusammenhängende Ackerbaugebiet Hannovers auf, ein Teil davon ökologisch bewirtschaftet.

Im 19. Jahrhundert hielt man hier traditionell die Militärparaden ab. Die letzte fand 1907 statt. 46.000 Soldaten marschierten an Kaiser Wilhelm II. vorbei, der damals fast vom Pferd gefallen sein soll. Diese Militärtradition ist heute fast vergessen, nur noch ein Obelisk erinnert daran. Stattdessen tummeln sich zwischen Orchideen, Wegwarte oder Knollen-Platterbse etwa 300 Schmetterlingsarten wie der Schwalbenschwanz. Wander- und Fahrradwege durchziehen das gesamte Gebiet und bieten sogar Fernblick vom Gipfelkreuz.

Adresse Expo-Siedlung »Am Kronsberg«, 30539 Hannover-Wülferode | ÖPNV Stadtbahnlinie 6, Haltestelle Kronsberg, dann links halten und durch die Straßen auf den Kronsberg gehen | Tipp Im Süden des Gebietes schließen sich die Expo-Gärten an: »Parc Agricole«, »Expo-Park Süd« und »Gärten im Wandel«.

62 Der Kunstbunker

Krieg und Frieden in Limmer

Eine Initiative in Limmer hat 1999 einen Betonklotz an der Stadtbahnlinie 10 zur »Kunst im öffentlichen Raum« verändert. Das Kooperationsprojekt verschiedener Vereine und Institutionen hat zusammen mit Künstlern spannende Wandbilder und Skulpturen auf der grauen Außenwandfläche des Bunkers montiert, direkt an der Haltestelle Brunnenstraße. Rechts eine Collage, in der sich riesige Tropfen aus Wolken lösen. Links wird eine Stadt angedeutet, auf die sich ein großer Vogel stürzt. Oben entdeckt man eine blaue Scheibe mit Eurozeichen. Für Interpretationen ist beim Warten auf die Stadtbahn Zeit.

In jedem Stadtteil von Hannover finden wir sie, diese Betonkästen mit den winzigen Fenstern. Sie stehen zwischen Einfamilienhäusern, Supermärkten, auf Kreiseln oder an Straßenecken und gehören zum Stadtbild.

Deshalb nimmt man sie kaum wahr – es sei denn, man hat den Zweiten Weltkrieg bewusst erlebt und war dabei, als 1940, im Zuge des Bunkerbauprogramms, bombensichere Luftschutzräume gebaut wurden, in der Regel auf drei bis vier Ebenen. 60 Stück errichtete man allein in Hannover, vier davon sind rund, wie das Exemplar am Deisterplatz. Es gibt einen Truppenmannschaftsbunker in der Borchersstraße (heute Museum für textile Kunst), die anderen waren für die Zivilbevölkerung vorgesehen. Viele der unbeholfen wirkenden Klötze dienen heute dem Zivilschutz oder sind Lagerräume. Sie werden zur Pilzzucht, als Tonstudio, Jugendzentrum oder von Schieß- und Karnevalsvereinen genutzt.

Der am Welfenplatz bietet Quartiere für Obdachlose, mit oder ohne »Enthüllungsjournalist« Wallraff, der sich vor einigen Jahren dort eingeschleust hat. Einige der Bunker sind mittlerweile verkauft worden und haben »Zuwachs« auf dem Dach bekommen, wie in Linden und der List. Besonders skurril mutet der Bunker mit dem aufgesetzten Wasserturm in Misburg an.

Adresse Harenberger Straße gegenüber Brunnenstraße, 30453 Hannover-Limmer | ÖPNV Stadtbahnlinie 10, Haltestelle Brunnenstraße | Tipp Direkt gegenüber befindet sich die Skulptur »limmer formen«, eine künstlerische Verneigung in Bronze vor den Negativ-Abdrücken von Reifen und Schuhsohlen der Continental Gummiwerke.

63 Das Leineschloss

Die Hochburg des venezianischen Karnevals

Wo heute der Niedersächsische Landtag tagt, war einst das Zentrum des venezianischen Karnevals in Deutschland. Kaum hatte Kurfürst Ernst August (1629–1698) seinen Bruder Herzog Johann Friedrich inklusive Sommerresidenz am Leineufer beerbt, übernahm er dessen Vorliebe fürs Reisen. Die Pracht des Karnevals in Venedig nahm ihn so gefangen, dass er 1685 den Palazzo Foscari am Canale Grande mietete. Samt Hofstaat verweilte er ein Dreivierteljahr auf dem Tummelplatz der Lustbarkeiten, ein Jahr später kam er für acht Monate. Unsummen an Geld flossen in die Lustreisen, und als die Kasse knapp wurde, verpachtete der Kurfürst seine Regimenter an die Stadt Venedig, die sie in Griechenland im Krieg gegen die Türken einsetzte.

In Hannover ärgerte man sich nicht nur über die ungeheuren Kosten, man vermisste auch den königlichen Glanz. Deshalb schritt man zur Tat und riss die baufälligen Häuser auf der Flussinsel für die »Schlossfreiheit« ab. 1688 entstanden Leinepavillon und Schlossbrücke. Den Mittelpunkt bildete die Schlossoper am Platz des heutigen Plenarsaalgebäudes. Als das Opernhaus 1689 eröffnete, avancierte es mit seinen 1.300 Sitzplätzen schnell zu einem der größten und besten in Europa. In den 90er Jahren des 17. Jahrhunderts richtete man hier die glänzendsten Feste Europas aus – die VIPs jener Zeit kamen in Strömen, um wochenlang Karneval wie in Venedig zu feiern. Dafür scheute man weder Kosten noch Mühen. Nach festlichen Soupers inszenierte eine »fest besoldete« französische Schauspieltruppe vergnügliche Stunden im Komödiensaal. Im Opernhaus sorgte der Venezianer Agostino Steffani als Hofkapellmeister für die Musik.

Unter Georg I. verwaiste das Gebäude. 1803 wurde es von den Franzosen geplündert. Für den Wiederaufbau wurde Oberhofbaudirektor Jussow zurate gezogen. Sein Neffe, Georg Ludwig Friedrich Laves, trat erstmals als Architekt in Erscheinung.

Adresse Hinrich-Wilhelm-Kopf-Platz 1, 30159 Hannover-Mitte | ÖPNV Stadtbahnlinie 3, 7 und 9, Haltestelle Markthalle/Landtag | Öffnungszeiten Alle Vierteljahre gibt es in der Regel die Möglichkeit, einen Blick ins Haus zu werfen, Infos über www.landtag-niedersachsen.de. | Tipp Königin Friederike ließ 1839 zur Leine hin einen vorspringenden Wintergarten für ihre Pflanzen anlegen. Dort ist heute das Arbeitszimmer des Niedersächsischen Landtagspräsidenten untergebracht. Diesen Raum können Sie auch von außen sehen.

64 Das Leinewehr in Döhren

Idylle am Wasserfall

Der Mensch siedelt gerne am Wasser. Das bot schon immer Chancen und Risiken. Die im thüringischen Eichsfeld entspringende und bei Schwarmstedt in die Aller mündende Leine erhielt an dieser Stelle im 15. Jahrhundert ein erstes Wasserwehr, um ihre Kräfte zu nutzen. Die unterschlächtige Wassermühle wurde 1402 auf der Leineinsel erstmals urkundlich erwähnt. Beides erwarb der hannoversche Unternehmer und Ratsherr Johann Duve 1652 – sein Denkmal steht neben dem Fußgängerweg am Leibnizufer. Duve erneuerte das Wasserbauwerk. Ein paar Original-Steine liegen als letzte Erinnerungen an das Duve-Wehr am »Balkon« mit Blick auf das über eine mittlerweile flache Staustufe herabwirbelnde Wasser am »Wolle-Wehr«.

Die Zeit ging über den später bankrotten Duve hinweg und die Besitzer wechselten. Über zweihundert Jahre später wurde die Leine samt Wehr für die Wollindustrie interessant. 1868 gegründet, hatte die Fabrik 1884 bereits 1.000 Mitarbeiter, 1910 waren es doppelt so viele. Der Grund hierfür war nicht nur die Geschäftstüchtigkeit des Besitzers, sondern vor allem die Lage an der Leine und der Leineinsel. Hier gab es nicht nur ausreichend Wasser zum Waschen der Wolle. Die Waschkessel wurden mit Kohle aus den nahegelegenen Bergwerken des Deisters befeuert, den elektrischen Strom lieferte das seitlich des Wehrs liegende Wasserkraftwerk aus dem aufgestauten Wasser der Leine. Das mittlerweile renovierte Turbinenhaus aus Ziegeln steht noch heute und wird als Brückenhaus zu den Wohnungen auf der Leineinsel genutzt. Die Anbauten wurden allerdings im Rahmen des Abbruchs der Fabrikanlagen entfernt, die Mühle wurde seinerzeit ebenfalls abgerissen. Historie stand nicht hoch im Kurs bei der Neuen Heimat.

Ein Trampelpfad hinter der Brücke am Johann-Duve-Weg führt zu einem schmalen Sandstrand, der zu einem erfrischenden Bad einlädt. Gern benutzt wird er auch von Paddlern und Anglern.

Adresse 30519 Hannover-Döhren, Am Leinewehr (hinter der Brücke) | **ÖPNV** Stadtbahnlinie 1, 2, 8, 18 Haltestelle Peiner Straße | **Tipp** Am Uhrturm 2 steht das ehemalige Pförtnerhaus der Döhrener Wolle in seiner auffälligen Backsteinarchitektur mit glockenförmigem Dach. Davor steht noch ein letztes Überbleibsel des schmiedeeisernen Eingangstores.

65 Die Leinewelle

Surfparadies mitten in der Stadt

München hat es vorgemacht: Der Eisbach wurde zum Surfspot und beliebtem Treffpunkt in der bayrischen Metropole. Hier war die Welle natürlich vorhanden, das Surfen aber erst ab 2010 erlaubt.

Für eine Gruppe von Hannoveranern rund um Heiko Heybey stellte sich irgendwann die Frage, warum es das nicht auch in Hannover geben könne. Vor allem, wo das Wehr am Landtag – dem ehemaligen Standort der schlossähnlichen Flusswasserkunst, die 1963/64 dem Modernisierungswahn zum Opfer fiel und abgerissen wurde – beste Voraussetzungen dafür zu bieten schien. Wo ein Wille ist, ist auch ein Weg, sagten sich die Initiatoren und starteten die Mission »Leinewelle«. Dabei wurde das Durchhaltevermögen der Visionäre auf eine harte Probe gestellt. Zum einen gab es sofort Bedenken wegen der Nähe zum Landtag und der Bannmeile, anschließend kamen Einsprüche vom Fischereiverein. Und dann noch die Kosten! Acht Jahre gingen darüber ins Land, bis im Juni 2021 tatsächlich der erste Spatenstich mit hawaiianischer Blumenkette erfolgte – 200 Meter hinter dem Landtag. Die Bagger folgten kurz darauf und setzten die Baugrube für das Fundament, auf den ein hydraulischer »Wehrkörper« installiert wird, der unter Wasser liegt. Bei Betrieb sorgt er für einen Aufstau. So entsteht das notwendige Gefälle, das die Welle erzeugt. Beim Aufstau der Welle wird es geregelte Betriebszeiten geben, sodass eine unerlaubte Nutzung ausgeschlossen ist. Durch den Umbau der Mauer des Hohen Ufers und die angelegten Treppen gibt es besonders gute Einstiegsmöglichkeiten für die Surfer. Gar nicht zu reden von den Logenplätzen für Zuschauer bei den Gastronomen auf der gegenüberliegenden Uferseite.

Und das Beste: Initiatoren, Verwaltung und Sponsoren haben bewiesen, dass Hannover nicht die Stadt der Bedenkenträger ist, sondern dass das Schwitters Motto abgewandelt bestehen bleibt. Statt: Vorwärts nach weit – Vorwärts mit Schwung.

Adresse Brücke an der Schlossstraße, 30159 Hannover, www.leinewelle.de | **ÖPNV** Stadtbahnlinien 3, 7 und 9 Haltestelle Markthalle/Landtag | **Tipp** An der Ecke Culemannstraße und Brücke zum Friedrichswall steht das um 1588 errichtete Sieltürmchen, einer der letzten Teile der alten Stadtbefestigung und der wohl kleinste Teil Turm Hannovers.

66 Die Liebesbrücke

Lucchetti dell'Amore

Die Liebesschlösser an der Lavesbrücke im Maschpark wurden auf Dauer zu schwer und deshalb bei der Renovierung entfernt. Nun sieht man sie am Eisengeländer des Maschsees. Woher aber stammt dieses seltsame Phänomen? Ursprünglich sollen Studenten der Sanitätsakademie in Florenz nach bestandener Prüfung die Schlösser ihrer Spinde an die Gitter des Ponte Veccio gehängt haben. Liebespaare in Rom griffen diesen Einfall auf. Sie besiegelten mit einem Vorhängeschloss an der Milvischen Brücke ihre Beziehung und warfen den Schlüssel in den darunter fließenden Tiber. »Lucchetti dell'Amore« nennt man diese Zeichen der ewigen Liebe in Italien.

Diese Idee schwappte im Laufe der Zeit in viele Städte Europas über. Hingen in Hannover erst vereinzelte Schlösser in verschiedenen Formen und Größen am grünen Brückengeländer, so kamen in den letzten Monaten immer mehr Liebesbezeugungen dazu. Die normalen Messingvorhängeschlösser sind in den Hintergrund getreten, rote und blaue dominieren. Viele Pärchen wollen nicht namenlos ihre Gefühle bekunden, sie lassen ihren Namen eingravieren, manchmal sogar mit Datum. Nicht nur junge Paare oder Verheiratete besiegeln mit diesem Brauch ihre Liebe: Neben den Schlössern für Beziehungsjahrestage oder Hochzeitstage gibt es Freundschaftsschlösser für Familien, Abschlussklassen, Cliquen und Vereine. Der Handel hat auf diesen Trend längst reagiert. In allen Größen und Farben sind die Vorhängeschlösser zu kaufen, sogar in Herzform.

Auch die Forschung hat sich dem Phänomen gewidmet. Eine These besagt, dass Menschen in Krisenzeiten besonders offen für Rituale und Bräuche sind. Sie suchen Halt in Stabilem. In der Liebe wie im Vorhängeschloss. Mag sein. Sicher ist jedoch, dass hinter jedem Schloss ein romantischer Moment, ein glückliches Gefühl und das Bekenntnis zweier Menschen zueinander stehen. Doch was passiert, wenn die Beziehung auseinandergeht? Wird es dann entfernt – notfalls mit der Metallsäge?

Adresse Trammplatz 2, 30159 Hannover-Mitte | ÖPNV Stadtbahnlinie 1, 2, 4, 5, 8, Haltestelle Aegidientorplatz | Tipp Danach gehen Sie zum Alpinum, bewundern das Pflanzenarrangement und statten der direkt dahinter befindlichen Gedenkstätte für den Planer des Gartens, Julius Trip, einen Besuch ab. Falls Sie dann noch Lust auf Kultur haben, warten das Landesmuseum und das Sprengelmuseum auf der anderen Seite des Maschteichs.

67 Die Lindener Alpen

Freie Sicht auf die Kometen

Mit seinen fast 90 Metern hat der Lindener Berg keine Chance, den Titel der höchsten Erhebung in Hannover zu beanspruchen. Trotzdem kann man bei guter Sicht von hier den Brocken erkennen. Selbstbewusst haben die Lindener Kleingärtner ihrer Kolonie deshalb den Namen »Lindener Alpen« gegeben.

Seit Jahrhunderten bedienen sich die Menschen an den Bodenschätzen des Berges. So fanden seine Steine schon in der Mauer des Von-Alten-Parks Verwendung. Egestorff, der Wegbereiter der Hanomag, begann hier als »Kalkjohann« mit der ersten Kalkbrennerei seine Karriere. Zurück ließ er das zerklüftete Gelände am Fuße des Berges. 1922 entstand dort die »Lindener Kampfbahn«, das heutige Lindener Stadion. Auch in der Höhe baute man munter. Der Verteidigungsturm mit Weitsicht wurde 1651 zur Lindener Mühle umgebaut. Direkt daneben befand sich das prächtige Lindener Berggasthaus. Seit 1878 thront an seiner Stelle die rote »Burg«, ein Wasserhochbehälter zur Trinkwasserversorgung mit stilistischen Anspielungen auf das Mittelalter. Das aufstrebende Bürgertum Lindens wollte sich mit ihm ein unübersehbares Denkmal setzen. Es konnte nicht ahnen, dass direkt darauf die Volkssternwarte »Geschwister Herschel« mit ihren Teleskopen über dem Wasserbehälter Quartier beziehen und Laien in die Welt der Sternen- und Sonnenbeobachtung einführen würde.

Aber das sind noch nicht alle Highlights. Auf dem Lindener Bergfriedhof (gegründet 1862) steht im Eingangsbereich der Küchengartenpavillon, den man vom Küchengarten der Welfen hierher versetzt hat, als er dem Bau des Güterbahnhofs im Weg stand. Ein paar Meter weiter befindet sich der Jazz-Club, seit 1978 »Ehrenbürger« von New Orleans. Eine vor Ort ausgeschilderte »Linden MixTour« erläutert alle Höhepunkte auf dem Lindener Berg. Nach alldem bleibt nur eins: im höchsten Biergarten der Stadt zu verschnaufen, im Turmgarten an der Lindener Mühle.

Adresse Auf dem Lindener Berg, 30459 Hannover-Linden-Mitte, www.sternwarte-hannover.de | ÖPNV Stadtbahnlinie 3, Haltestelle Allerweg, Buslinie 100 bis Sternwarte | Tipp Hinter der Bergkuppe Richtung Badenstedter Straße liegt die Lindener Zweigstelle des Botanischen Schulgartens. Hier befindet sich Hannovers höchster Weinberg.

68_Der Lister Turm

Das Reichsbanner und seine Toten

Bereits 1387 gab es am Lister Turm eine Landwehr mit Wächtern. Später ersetzte man ihn durch ein Forsthaus mit Bewirtschaftung. Der heutige Lister Turm wurde 1898 fertiggestellt. Julius Trip wandelte den feuchten Wald von dort bis zum Neuen Haus gegen den Protest zahlreicher Bürger in einen Waldpark um. Am 1. Mai 1898 eröffnete eine neue Waldwirtschaft und wurde bald zum Mittelpunkt der List. Innerhalb der Woche fanden draußen und drinnen Konzerte statt, am Wochenende Feuerwerke und Bälle.

Der Lister Turm war auch Treffpunkt politischer Gruppen. Die SPD hielt hier am 21. Februar 1933 eine Wahlveranstaltung ab. Während die SPD-Anhänger sich an jenem Mittwoch noch die Köpfe im Saal heißredeten, tauchten parallel 100 Nationalsozialisten in Zivil bei einer SPD-Veranstaltung in Bothfeld auf. Dort provozierten sie eine Schlägerei mit etlichen Verletzten. Im Anschluss daran zog die rechte Gruppe zum Lister Turm, um die nächste Wahlveranstaltung zu stören und zu zeigen, wer die Macht im Staat hatte.

Da die Polizei ihnen den Zutritt verweigerte, legten sich die Nationalsozialisten im Dickicht der Eilenriede auf die Lauer. Eilig wurden 50 Kameraden der Schutzformation des Reichsbanners, einer Abwehrorganisation gegen die Feinde der Weimarer Republik, zu Hilfe gerufen. Viele der jungen Idealisten waren sportlich durchtrainiert und im Straßenkampf ausgebildet. Sie wollten die gefährdete Demokratie notfalls mit den Fäusten verteidigen. Gegen die mit Pistolen bewaffneten Nazis reichte das nicht. Kaum standen die Männer vom Reichsbanner vorm Lister Turm, fielen 150 Pistolenschüsse aus dem dunklen Wald. Willi Großkopf und Wilhelm Heese wurden tödlich getroffen, 17 andere teilweise schwer verletzt. Von den Nazis verhaftete man niemanden. An die ungesühnten Morde erinnert seit 1976 ein Gedenkstein vor dem Eingang des heutigen Freizeitheims.

Adresse Walderseestraße 100, 30177 Hannover-Zoo | **ÖPNV** Stadtbahnlinie 3, 7, 9, Haltestelle Lister Platz, von dort circa 10 Minuten zu Fuß | **Öffnungszeiten** Freizeitheim Lister Turm Mo–Sa 8–23 Uhr, So 8–18 Uhr | **Tipp** Hinter dem Freizeitheim liegt Hannovers idyllischster Biergarten. Betrieben wird er von dem griechischen Restaurant Odysseus, www.odysseus-hannover.de.

69 Der Löwenkämpfer

Ein Pferd bäumt sich auf

Die Hannoveraner haben schon immer ein besonders intensives Verhältnis zu Pferden gepflegt. Seit Jahrhunderten verwenden sie es als Wappentier, die Giebelbretter an den Dächern der Bauernhäuser werden mit geschnitzten Pferdeköpfen verziert, sogar eine Pferderasse ist nach den »Hannoveranern« benannt, und am liebsten verabredet man sich »unterm Schwanz«.

Vor der Leibniz Universität steht auf einem Steinsockel ein Ross auf den Hinterhufen. Die Geschichte dieses Pferdes, im Volksmund fälschlicherweise »Niedersachsenross« genannt, führt uns ins Berlin des 19. Jahrhunderts. Dort plante Architekt Schinkel ab 1830 ein pompöses Museum für den Preußenkönig Friedrich Wilhelm III. auf der Museumsinsel. Auf der Freitreppe sollten große Reiterstandbilder den Eingang flankieren. Der »Kämpfenden Amazone« stellte der Bildhauer Albert Wolff einen »Löwenkämpfer« gegenüber. Der mit Lanze bewaffnete Reiter sitzt fest im Sattel des sich aufbäumenden Pferdes, zu dessen Füßen windet sich ein Löwe. Kein Wunder, dass der Gaul scheut.

Die Ähnlichkeit zwischen ihm und der überlebensgroßen bronzenen Pferdestatue vor der Leibniz Universität ist unübersehbar. Das ist kein Zufall. Es heißt, Schinkel hätte bei Wolff zwar eine »Löwenkämpfergruppe« bestellt, wollte aber später nur einen einzelnen Kämpfer aufstellen. Gerade zur rechten Zeit soll deshalb für den Künstler die Anfrage vom Welfenhaus aus Hannover gekommen sein. Wolff lieferte für das geplante und fast fertige Residenzschloss in Herrenhausen ein stattliches Pferd – ohne Kämpfer und ohne Löwen.

Bevor die Welfen das Schloss jedoch beziehen konnten, floh der blinde König Georg V. ins Exil, die bronzene Statue parkte man zwischen. Erst als der Palast nach langem Leerstand »Königliche Technische Hochschule« wurde, fand es 1879 seinen jetzigen Platz – mit artigen »Welfen«-Löwen im Rücken, die den Eingang flankieren.

Adresse Welfengarten 1, 30167 Hannover-Nordstadt | **ÖPNV** ab Kröpcke Stadtbahnlinie 4 oder 5, Haltestelle Leibniz Universität | **Tipp** Im Hörsaal B 305 kann an ausgewählten Tagen der Bund fürs Leben geschlossen werden, echter Hörsaal mit aufsteigender Bestuhlung, Pult und Tafel inklusive. Infos über das Alumnibüro der Leibniz Universität oder annette.schroeder@zuv.uni-hannover.de, Tel. 0511 / 76225147.

70 Die Mauern an der Glocksee

Hier darf man, hier soll man

Anfang der 70er Jahre plante die üstra einen neuen Betriebshof. Das alte Fuhramtsgebäude an der Glocksee wurde nicht mehr gebraucht, stand leer und weckte die Begehrlichkeiten der damals sehr präsenten Jugendzentrumsbewegung. Eine Bürgerinitiative verhandelte erfolgreich mit der Stadt. Seit über 40 Jahren gibt es das unabhängige Jugendzentrum (UJZ) Glocksee e. V. inzwischen.

Auf der rechten Seite des Gebäudes darf man »mit Erlaubnis« sprayen. Also rücken immer wieder junge Leute mit Taschen voller Spraydosen von nah und fern an. Und nicht nur das. Manche kommen sogar mit Grundierungsfarbe, um die Effekte ihrer Gestaltung zu verstärken. Einige haben einen festen Plan, was sie sprühen wollen, andere überlassen dies der spontanen Intuition.

Da die Wandflächen längst komplett mit Bildern bedeckt sind, werden sie immer wieder »übersprüht«. Dabei gibt es ungeschriebene Regeln. So werden ganz neue Bilder nicht übermalt, genauso wenig wie besonders gelungene. Die achtet und schont man. Allerdings gehen die Geschmäcker und Meinungen diesbezüglich auseinander. Für die Community der Sprayer ist Writers Corner an der Königsworther Brücke der ultimative Laden: Hier kann man sich mit anderen »Streetartworkern« austauschen – im Gegensatz zum Baumarkt, wo es die Dosen natürlich auch gibt.

Auf dem Gelände der Glocksee sind im Laufe der Jahre viele Projekte umgesetzt worden, manche, wie die Schule, sind abgewandert, andere, wie das Café Glocksee, sind geblieben und mittlerweile Kult. Tagsüber ist das Café Treffpunkt, nachts ein Club mit Live-Konzerten der Genre Alternative Rock, Singer/Songwriter und Sub-Pop. DJ-Abende mit Elektro, Indie, Punk und Pop ziehen ein vorwiegend studentisches Publikum bis weit in den nächsten Morgen an. Ein anderes Highlight ist das Theater an der Glocksee. Seit nunmehr 25 Jahren kann man dort professionelles Schauspiel ganz aus der Nähe sehen.

Adresse Glockseestraße 35, 30169 Hannover-Calenberger Neustadt, www.theater-an-der-glocksee.de oder www.cafe-glocksee.de | ÖPNV Stadtbahnlinie 10 oder 17, Haltestelle Goetheplatz, von dort bis zur Kreuzung Lenaustraße/Glockseestraße gehen | Öffnungszeiten Die Mauern sind jederzeit zugänglich. Programme für Theater und Konzerte stehen auf der Homepage. | Tipp Hinter der Mauer rechter Hand liegt ein runder Klinkerbau. Er beherbergte ab 1826 das erste Gaswerk Deutschlands.

71__Das Milchhäuschen

Knusper, knusper, Häuschen

Kinder lieben Märchen, auch wenn Hexen darin vorkommen. Genau wie sie schon immer das Milchhäuschen geliebt haben, das in der Ursprungsgestaltung noch mehr als heute einem verwunschenen Hexenhäuschen im Wald glich. Zu sehen ist das Original auf einer alten Postkarte aus dem Jahr 1905. Sie wird von den Besitzern in Ehren gehalten und als Kopie vertrieben.

Seit über 100 Jahren lädt das Milchhäuschen Spaziergänger im Randbereich der Eilenriede zur Stärkung ein. Biegt man von der Hohenzollernstraße am Königinnen-Denkmal in den Stadtwald ab und folgt dem Wilhelm-Busch-Weg, kommt man unweigerlich auf das Café zu. In den Anfängen gab es nur wenige Wege durch den Stadtwald. Als die Hannoveraner zunehmend zu Fuß und auf dem Fahrrad ins Gehölz strömten, wurden immer mehr Promenadenwege, Schutzhütten und Liegewiesen angelegt. 1933 erneuerte man das beliebte Rasthäuschen. Buttermilch war die Spezialität jener Zeit. Heute wird eher nach Weizen oder Bionade verlangt, das Traditionsgetränk ist jedoch weiter im Angebot. Genau wie die von Kindern heiß begehrten Waffeln. Die Inhaberfamilie Stein fühlt sich der Tradition verpflichtet. Im Sommer grillt man, im Winter geht es mit Grünkohl eher deftig zu.

Im Regal stehen zahlreiche Bücher zur Geschichte Hannovers. Hier kann man in den Bänden des »Hannover Archivs« blättern und beim Anblick der Fotos alte Zeiten heraufbeschwören. Schließlich ist es noch gar nicht so lange her, dass die Stadtbewohner ihr Vieh zur Nahrungssuche in die Eilenriede trieben. Damals durchzogen wasserführende Gräben die Stadt. Einer davon war der Schiffgraben, auf dem Torf und Holz aus dem Altwarmbüchener Moor in die Altstadt transportiert wurden. Ebenfalls nur eine Erinnerung ist die Waldstillstube, die 1916 in der Nähe des Lister Turms vom städtischen Kriegsfürsorgeamt eingerichtet wurde, direkt neben dem damaligen und heutigen Spielplatz.

Adresse Wilhelm-Busch-Weg, 30161 Hannover-Oststadt | **ÖPNV** ab Kröpcke Stadtbahnlinie 11 bis Zoo, gegenüber sieht man die Hinweisschilder zum Milchhäuschen. | **Öffnungszeiten** Wintersaison 15. Nov.–1. März Do–So, Feiertage 12 Uhr bis Einbruch der Dämmerung, Sommersaison 1. April–10. Nov. Di–So 10.30 bis Einbruch der Dunkelheit, Mo nur bei sehr gutem Wetter | **Tipp** Mittagsschlaf auf der gegenüberliegenden Wilhelm-Busch-Wiese, auch Sonnenwiese genannt.

72 Miniaturwelten der Geschichte

Playmobil macht's möglich

Die Planungen für ein neues Spielsystem nach Art der Zinnsoldaten gab es schon vorher. Doch erst die steigenden Ölpreise, die im Jahr 1973 den Kunststoffpreis verzehnfachten, beflügelte die Idee der Produktion von Playmobil. 1974 war es dann so weit: Die menschenähnlichen Figuren aus Kunststoff kamen auf den Markt. 7,5 Zentimeter groß, mit Kopf, Perücke, zwei Armen, Rumpf und Beinpaar – ergänzbar mit diversen Accessoires. Von Anfang an agieren die Figuren in Themenwelten. »Baustelle«, »Wilder Westen« und »Ritterzeit« eröffneten den Reigen, zig andere folgten. Seit 1976 gibt es weibliche Figuren, Kinder und Babys folgten in den 80er Jahren. Insgesamt blieben die Playmobil Gestalten bei ihrem typischen Erscheinungsbild, es gab nur leichte Veränderungen. Mit beweglichen Händen und umfangreicherer Haartracht eroberten die Figuren die Kinderzimmer und werden jedes Jahr in hoher millionenfacher Auflage produziert und verkauft.

Robert Packeiser hat die Playmobil-Welt auch als Erwachsener nicht wieder losgelassen. Mit vier Jahren bekam er die erste Figur, später sammelte der Gymnasiallehrer für Kunst und Geschichte akribisch, begann das Spielzeug zu verändern und mit anderen Gegenständen oder Bauteilen neu zu inszenieren. Sein Lager in einer Garage wurde immer größer und der Gedanke, eine Ausstellung damit zu bestücken, nahm Formen an. Gab es erst eine Ausstellung im Historischen Museum und in der niedersächsischen Landesvertretung in Berlin, gibt es nun eine Dauerausstellung der Miniatur-Welt auf 550 Quadratmetern. Historische Zusammenhänge werden inhaltlich und formal verdichtet als lehrreiches Suchspiel dargestellt, bei dem nichts dem Zufall überlassen wurde. Auf Kinderaugenhöhe werden in Dioramen Szenen von den Römern und Germanen bis zur Neuzeit Hannovers dargestellt – und zwar mit viel Akribie und Phantasie. Kinder und Erwachsene sind begeistert.

Adresse Ernst-August-Platz 2, 30159 Hannover, Ernst-August-Galerie Untergeschoss | **ÖPNV** direkt gegenüber vom Bahnhof | **Öffnungszeiten** Infos unter www.miniaturweltendergeschichte.de | **Tipp** Nur wenige Schritte entfernt, in der Georgstraße 50b, befindet sich die Krökelbar, mehr Infos unter: www.kroekelbar.de.

73_Der Mittellandkanal

Über 15 Brücken musst du gehn

Der moderne Binnenschifffahrtsverkehr machte den bundesweiten Ausbau der Wasserstraßen notwendig. Auch der Mittellandkanal musste dem veränderten Lichtraumprofil angepasst werden. Im Klartext: Fast alle Brücken mussten neu gebaut werden. Im hannoverschen Bereich machte man aus der Not eine Tugend und schaffte ein weiteres Refugium für die Naherholung. Auf kanalbegleitenden Wegen wird nun gejoggt und geradelt, dass man aus dem Staunen nicht mehr herauskommt. Vor allem, wenn zwischendurch der Blick auf die neuen Brücken fällt.

Hannover war schon immer neuartigen Ideen im Brückenbau gegenüber aufgeschlossen. So setzte zum Beispiel der »Lavesträger« mit seinem statischen System des Fischbauträgers Maßstäbe. Neue Zeiten fordern andere Akzente. Am Mittellandkanal wurde das Prinzip der Stabbogenbrücke in allen Variationen umgesetzt. Aus der absoluten Systemvorgabe des »Lager'schen Balkens« haben Ingenieure eine an ästhetischen Maßstäben orientierte »Artenvielfalt« zum Thema Stabbogen geschaffen, die ihresgleichen sucht. Der Laie staunt: Wer trägt hier was? Der Versteifungsträger den Bogen oder der Bogen den Versteifungsträger? Die Brücke in der Schierholzstraße wirkt durch ihren aufgelösten Bogen filigran, kurz vor der Hindenburgschleuse erinnert eine andere an das Skelett eines Wals. Am Eulenkamp assoziiert man eine holländische Grachtenbrücke, betrachtet man sie vom Kanal aus.

Überhaupt verschieben sich die Perspektiven, wenn man die Brücken vom Wasser aus ansieht. Gerade die Unterseiten der 19 Überführungen sind in ihrer Unterschiedlichkeit echte Hingucker. Pünktlich zur Expo 2000 waren die Brücken fertig, zur Krönung wurde »Kunst am Kanal« ausgelobt. Am Buchholzer Bogen führt die hölzerne Plattform des Japaners Kawamata über eine Ausgleichs-Flachwasserzone. Gedacht als Bühne mit dem Kanal als Szenerie, bietet sie unerwartete Blickwinkel.

Adresse Noltemeyerbrücke, 30659 Hannover-Bothfeld | **ÖPNV** Stadtbahnlinie 3, 7 oder 9, Haltestelle Noltemeyerbrücke, dann rechts Richtung Kanal gehen. In beiden Richtungen gibt es Brücken zu bestaunen. | **Tipp** Nehmen Sie das Fahrrad mit und erkunden Sie die Kanalwege in beide Richtungen. Am Wochenende können Sie ihr Gefährt auch in den öffentlichen Verkehrsmitteln transportieren.

74_Die Mülldeponie Lahe

Vom Monte Müllo zum Wertstoffhof

Am Rande von Lahe liegt »der Rest vom Schützenfest«. 75 Jahre lang landete hier, was der Hannoveraner nicht mehr brauchte: Metallschrott, Bauschutt, Kühlschränke, Fernseher, Zeitungen. Nach der Eröffnung der Mülldeponie 1937 wurden die bis dahin in den verschiedenen Stadtteilen liegenden »Dreckberge« wie das »Kakolorium« in der List aufgelöst. Man schaufelte den 15 Meter hohen Berg ab und karrte ihn erst mit Pferdefuhrwerken, später auch motorisiert weg. Die »Lister Alpen« verschwanden, dafür wuchs »Monte Müllo« vor den Toren Hannovers, bis er bei der Höhenmarke von 121,3 Metern 1980 in Ruhestand geschickt wurde. Rund 10.000.000 Kubikmeter Müll verteilen sich auf 28 Hektar, eine Fläche, auf der 39 Fußballfelder Platz hätten.

Mit der getrennten Sammlung hat man dem rasanten Müllwachstum erfolgreich Einhalt geboten. Wurden zuvor allein von den Stadtbewohnern Hannovers eine Million Tonnen Müll jährlich produziert und hier abgelagert, müssen heute nur noch 50.000 Tonnen vorbehandelter Abfall auf die Deponie nach Wunstorf – und das bei der doppelten Anzahl an Menschen in der Region. Abfallverwertung heißt das Gebot der Stunde. Wertstoffhöfe, Kompostierung von Grüngut, Bioabfall-Kompostwerk oder Biogas sind die Zauberwörter im Zeitalter des Recyclings, das auf Einsicht und Engagement privater Haushalte setzt.

Damit nicht genug. Jetzt wird der Berg zu einem Naturparadies für Neuntöter bis Zauneidechse umgewandelt. Mit Hilfe von Baggern und Raupenfahrzeugen bringt man »Monte Müllo« in Form. Dann erfolgt die Abdeckung mit einer Folie, damit keine Schadstoffe ins Grundwasser gelangen. Anschließend füttert man alles mit Kies und Erde auf und bepflanzt es. Ein Wanderweg soll zum Gipfelkreuz führen. Bei gutem Wetter hat man von hier Sicht bis zum Brocken und kann die Gegend bei einer Führung oder an einem Tag der offenen Tür mit dem Fernrohr erkunden.

Adresse Moorwaldweg 312, 30659 Hannover-Lahe | **ÖPNV** Stadtbahnlinie 3, Haltestelle Opelstraße, Fußweg Moorwaldweg circa 15 Minuten | **Öffnungszeiten** Anmeldungen für Führungen unter www.aha-region.de | **Tipp** Wenn Sie mit dem Auto oder Fahrrad unterwegs sind, erreichen Sie von hier aus schnell den Altwarmbüchener See. Hier laden im Sommer Strände, eine Segelschule und Restaurationsbetriebe ein, www.sail-surf-hannover.de. Zum Herbst und Winter locken Spaziergänge in mooriger Natur.

75 Museum für textile Kunst

1001 Nacht im Bunker

Unweit des Tiergartens in Kirchrode steht in der Borchersstraße ein Bunker mit aufgesetzter Wohnetage. Ehemals beherbergte das Gebäude eine Galerie, jetzt das Museum für textile Kunst von Erika Knoop, einzigartig in Europa. Über Jahre galt Knoops Geschäft in der Königstraße als eine der ersten Adressen für anspruchsvolle Kleidung in Hannover. Nun hat sich die Designerin in dem Bunker den Traum eines eigenen Museums erfüllt. Auf 400 Quadratmetern über zwei Etagen mit vier Metern Raumhöhe zeigt sie textile Schätze aus aller Welt.

Gleich zu Beginn des Rundgangs beeindrucken das von Knoop designte Kleid mit Leuchtdioden in grellem Grün und die Bühnenkostüme der Scorpions. Gutes Design ist eben unvergänglich, genau wie die hochwertigen Stoffe der Haute Couture, aus denen Erika Knoop im Laufe der Zeit Unikate maßgeschneidert hat. Die Stoffreste von Lagerfeld bis Versace wurden zu Collagen verarbeitet und hängen als farbenfrohe Raumteiler von der Decke. Im Rundgang folgen Abendkleider und reinseidene Chiffons der 20er und 50er Jahre aus Hannover, Paris und New York. Sie alle lassen die heutigen Kleider von der Stange blass erscheinen, ebenso die Büstenhalter.

Mit Sammeleifer hat die Designerin von überall auf der Welt Stoffe zusammengetragen: indische Hochzeitssaris, handbestickte Seiden aus China, Tempelschmuck aus Vietnam, aus Baumrinden gewebte Stoffe von den Südseeinseln, golddurchzogene Ikats aus Thailand oder solche aus Bast von den Philippinen, gar nicht zu reden von den Kaftanen und ihrem bedeutungsvollen Futter. Wer weiß schon, dass in einem afghanischen Kaftan ein Innenfutter aus Usbekistan nie Verwendung finden würde. Wer mehr darüber und über andere stoffliche Finessen erfahren möchte, sollte sich die Führung durch die Ausstellungsräume nicht entgehen lassen.

Das Atelier Knoop verkauft eigens für den Erhalt des Museums handgearbeitete Garderobe und Accessoires.

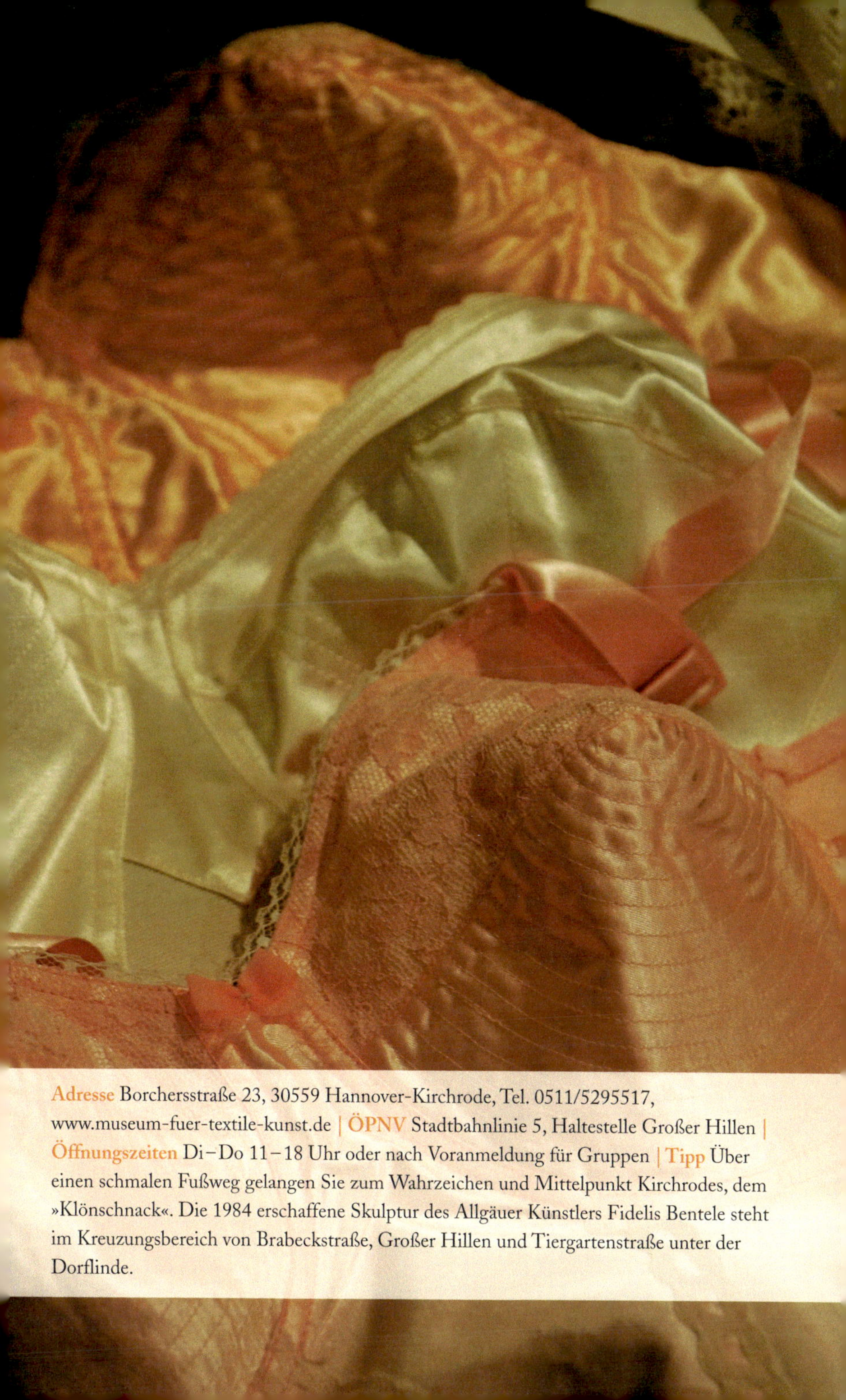

Adresse Borchersstraße 23, 30559 Hannover-Kirchrode, Tel. 0511/5295517, www.museum-fuer-textile-kunst.de | ÖPNV Stadtbahnlinie 5, Haltestelle Großer Hillen | Öffnungszeiten Di–Do 11–18 Uhr oder nach Voranmeldung für Gruppen | Tipp Über einen schmalen Fußweg gelangen Sie zum Wahrzeichen und Mittelpunkt Kirchrodes, dem »Klönschnack«. Die 1984 erschaffene Skulptur des Allgäuer Künstlers Fidelis Bentele steht im Kreuzungsbereich von Brabeckstraße, Großer Hillen und Tiergartenstraße unter der Dorflinde.

76 Die Nordtangente

Das Wunder von Hannover

Stadtbaurat Rudolf Hillebrecht entwarf die Vision einer Stadt mit einem ausgedehnten Netz von Schnellstraßen zu einer Zeit, als sich vor dem Neuen Rathaus noch Schuttberge auftürmten.

Zehn Jahre später war Hannover die einzige Großstadt der jungen Bundesrepublik mit einem System von Stadtautobahnen ohne Geschwindigkeitsbegrenzung. Doppelspurige Straßen bildeten einen zweiten Ring im Inneren des Zentrums – auch wenn dafür die Leineinsel geopfert werden musste. »Das Wunder von Hannover«, so titelte der Spiegel 1959. Mitten in der List ist jedoch ein ganz anderes Wunder geschehen. Vor den Hochhäusern längs der Biesterstraße endet der Nordring und läuft parallel der Stichwege mit englisch geprägten Straßennamen als Grünstreifen weiter. Im Winter wird hier gerodelt, im Sommer die Seilbahn genutzt. Hunde werden ausgeführt, Spaziergänger ruhen sich auf den Bänken aus. Im Frühling sorgen die Pollen der Pappeln für ein ganz besonderes Spektakel in der grünen Idylle. Bei jedem Windzug wirbeln flauschig weiße Flocken durch die Luft und sinken wie frisch gefallener Schnee auf das Gras.

Jenseits der Tannenbergallee setzt sich der »grüne« Nordring über den Pastor-Jaeckel-Weg Richtung Pelikanviertel als Fuß- und Radweg fort. Das war in den 60ern ganz anders angedacht. Genau hier war die Ergänzung des Tangentenrings geplant. Der Nordring sollte bis zur Podbielskistraße und dann durch die Eilenriede zum Messeschnellweg geführt werden. Als sich die ersten Mitglieder des Stadtrates klarmachten, welches Verkehrsaufkommen sie direkt neben den neu errichteten Hochhäusern »vorbeifluten« wollten, wurde dem einen oder anderen mulmig. Als man die Bedenken immer lauter äußerte, stufte man die geplante Nordtangente schließlich zu einer vierspurigen Fahrbahn herab. Mittlerweile wird die Trasse als Grünfläche geführt. Ein gelungenes Beispiel für straßenbauliches Umdenken.

Adresse Nordring 2, 30163 Hannover-List | ÖPNV Bus 128, Haltestelle Nordring | Tipp Über die Tannenbergallee führte der Weg einst von den großen Kasernen- und Stallanlagen in Vahrenwald und am Welfenplatz zum Exerzierplatz am Jagdstall des Militärinstituts (jetzt Reiterstadion). Heute lädt die Allee zum geruhsamen Spaziergang Richtung Kanal ein.

77 Die Pagode Vien Giac

Eines der größten buddhistischen Zentren

Im Stadtteil Mittelfeld begegnen uns häufig Mönche in orangebrauner Kutte und mit kahl geschorenem Kopf. Kein Wunder, eines der weltgrößten buddhistischen Zentren außerhalb Vietnams liegt in der Karlsruher Straße. »Vien Giac« heißt die Pagode, das bedeutet »vollkommene Erleuchtung«.

Nach Ende des Vietnamkrieges verließen Tausende Vietnamesen ihr Land Hals über Kopf. Der damalige Ministerpräsident Ernst Albrecht nahm zahlreiche dieser »Boat-People« in Niedersachsen auf.

Schon bald sehnten sich die Flüchtlinge nach einem Ort, wo sie sich treffen und gemeinsam beten konnten. In den 70er Jahren gründete sich die erste buddhistische Gemeinde in einer Garage in der Kestnerstraße. 1990 hatte man durch Spenden genug Geld zusammen, um eine richtige Pagode zu bauen – mittlerweile ergänzt um ein Kloster.

Schon früh morgens finden sich die Buddhisten zur Meditation oder zu Gebeten hier ein. Am Abend wiederholt sich die Zeremonie in einem Raum mit Buddhastatuen, die mit gelbgoldenen Farben leuchtende Akzente setzen. Am ersten Wochenende im Mai feiert man das sogenannte Vesakfest zu Ehren der Geburt von Buddha. Dann strömen Buddhisten aus ganz Deutschland nach Mittelfeld. Noch farbenfroher wird es gegen Ende August beim Ullambana-Fest, der Andachtsfeier für die Verstorbenen. Eine weitere Besonderheit ist die Silvesterfeier in Form eines bunten Kulturabends. Beliebt sind die Neujahrsgeschenke mit den Glückssymbolen, zwei Mandarinen und ein Glückspfennig, die mit einem Segen vom Abt selbst überreicht werden. Auch viele »Zeitgeist-Buddhisten« kommen an diesem Tag und versuchen ihr persönliches Karma mit diesen Geschenken aufzupolieren.

Eine weitere Besonderheit ist der Klostergarten: 2002 haben die Mönche im Kleingärtnerverein Wülfel e. V. ihre Oase der Ruhe angelegt, in der sie Kräuter und exotische Gewächse anpflanzen.

Adresse Karlsruher Straße 6, 30519 Hannover-Mittelfeld, www.viengiac.de | **ÖPNV** Stadtbahnlinie 1 oder 2, Haltestelle Wiehbergstraße, links in die Straße Am Mittelfelde, über die Brücke bis zur Karlsruher Straße | **Öffnungszeiten** Infos unter Tel. 0511/879630 | **Tipp** Nur wenige 100 Meter weiter, in der Ulmerstraße 2, befindet sich das Luftfahrtmuseum. Hier wird die Geschichte der Luftfahrt mit vielen Modellen greifbar gemacht, www.luftfahrtmuseum-hannover.de.

78_Das Paradies

... liegt gleich am Mausoleum

Hinterm Kassenhäuschen geradeaus geht's zum Paradies – man darf nur den Eingang in die oval geformte Anlage im Herzen des Berggartens nicht verpassen. Prächtige Blüten von 300 Azaleen- und Rhododendronsorten wetteifern im Frühjahr auf dem Weg des Paradieses mit den Magnolienblüten. Die Mitte der Grünfläche ist auf Geheiß des Königs 1834 als Denkmal für zeitgenössische Dichter angelegt worden. Gedenksteine kamen für Gartenmeister Wendland nicht in Frage. So pflanzte er einen Ginkgo zu Ehren Johann Wolfgang von Goethes, 1838 folgte eine Sumpfzypresse für Alexander von Humboldt. Zu Füßen der Baumriesen blüht im Frühling ein Teppich aus Schneeheide.

Verlässt man das Paradies, steht man direkt vor dem Mausoleum. Passender hätte König Ernst August den Platz für die letzte Ruhestätte seiner Gattin Friederike nicht wählen können. Das Sandsteingebäude mit vier dorischen Säulen wurde nach den Plänen des Hofarchitekten Laves errichtet. Halbkreisförmig darum pflanzte man den Eichenhain. Hierfür wurden 13 bis 15 Meter hohe Eichen in den Park gebracht, um von Beginn an den Eindruck einer gewachsenen Anlage zu erwecken. Für den Transport benötigte man spezielle Fahrzeuge, sogar Brücken mussten verstärkt werden.

Im Inneren des Mausoleums stehen in der Mitte der Halle die beiden Sarkophage mit den Körpern des Königspaares. Unterhalb befindet sich eine dreischiffige Gruft. Hier wird es eng, denn weitere elf Särge der Welfenfamilie wurden in den 50er Jahren aus der Schlosskirche hierher überführt. Das Grabmonument ist für die Öffentlichkeit nicht zugänglich und immer noch im Besitz des Königshauses Hannover. Im Unterschied zu der seit 280 Jahren darauf zulaufenden Lindenallee. Der fortschreitende Pilzbefall der Bäume macht Sorgen. An Fällung und Neupflanzung führt kein Weg vorbei, damit es die Allee auch in Zukunft geben wird. Experten treiben gerade Schößlinge der Mutterbäume vor.

Adresse Herrenhäuser Straße 4, 30419 Hannover-Herrenhausen | ÖPNV ab Kröpcke Stadtbahnlinie 4 oder 5 bis Haltestelle Herrenhäuser Gärten | Öffnungszeiten täglich ab 9 Uhr, Mai–Aug. bis 20 Uhr, sonst bis Einbruch der Dunkelheit | Tipp In den Orchideenhäusern sind ganzjährig etwa 500 bis 1.000 blühende Orchideen zu bewundern.

79 Der Pariser Platz

Die wilde 13 beschleunigt den Pulsschlag

Der Lindener Markt als Zentrum eines neuen Lebensgefühls hat Konkurrenz am Pariser Platz bekommen. Einem Ort mit unorthodoxer Straßenführung. Die Stadtbahnschienen der Davenstedter Straße durchschneiden die gefühlte Platzmitte und laufen gradlinig auf der Egestorffstraße weiter, während die Davenstedter Straße einen munteren Schlenker macht. Noch unentschlossener verhält sich die Dieckbornstraße, die einfach vor dem Platz einen Bogen schlägt und sich fortan Teichstraße nennt. Der Volksmund taufte dieses Straßenstellungsspiel Pariser Platz, und die Erklärungen dafür sind zahlreich und eigenwillig. Ein Mitglied des ersten Magistrats von Linden soll zeitweilig in Paris gearbeitet haben. Vielleicht hat er von den Plätzen der Metropole vorgeschwärmt, auf die die Straßen sternförmig zulaufen. Wie auch immer. 2004 folgte die Politik dem Volksmund, und der Platz bekam sein offizielles Straßenschild.

Heute mischen ganz besondere Unternehmen nicht nur zur Weihnachtszeit das Bermudadreieck Linden-Mittes auf. Ob UNgetragen oder Sternenstaub … vom Leben geküsst – originelle Geschäftsnamen und -ideen dominieren. So auch im »QWERTZ«. Der Laden einer Grafik-Designerin wurde feinsinnig nach einer Bezeichnung für Tastaturbelegungen benannt, weil sich in ihm alles um das ABC dreht. Ausrangierte Leuchtbuchstaben, einfache Reklamelettern oder alphabethische Schlüsselanhänger könnten viele Geschichten erzählen. Manches A oder M trifft in erschreckendem Zustand ein, und ein Leuchtröhrenglasbläser muss es erst wieder zum »Strahlen« bringen.

Nach dem Stöbern rund um den Pariser Platz sollte man im Café K. vorbeischauen. Seit über 25 Jahren werden hier vom Kult-Konditor Kuchen und Trüffelpralinés verkauft. Legendär sind die abendlichen Kriminalspiele und Table-Quiz-Runden. Letztere haben Ralf Schnoor bestens auf die Eine-Million-Quiz-Frage im Fernsehen vorbereitet.

Adresse Egestorffstraße 18, 30449 Hannover-Linden-Mitte | **ÖPNV** Stadtbahnlinie 7, Haltestelle Nieschlagstraße | **Öffnungszeiten** QWERTZ: Do–Fr 14–18 Uhr, Sa 10–14 Uhr, Tel. 0511/79093074, www.qwertz-online.de | **Tipp** Folgen Sie der Teichstraße, kommen Sie zum Lichtenbergplatz. Interessante Kneipen und Restaurants gibt es hier in Hülle und Fülle.

80_Das Rad

Der Weg ist das Ziel

Im Randbereich der Eilenriede zwischen Lister Turm und Zoo liegt das »Rad«, ein Symbol aus uralter Zeit. Die Meinungen gehen auseinander, wann dieser mystische Platz entstanden ist. Aber egal, ob er eine vorchristliche Kultstätte war, 1490 aus Langeweile von belagernden Soldaten oder erst im Dreißigjährigen Krieg angelegt wurde – Fakt ist, dass das Labyrinth ursprünglich am ehemals »Neuen Haus«, der jetzigen Musikhochschule, lag. 1932 hat man es aus verkehrstechnischen Gründen umgesetzt.

Auch die jetzige Anlage gilt als Kulturdenkmal, gehört sie doch zu den beiden letzten Rasenlabyrinthen in Deutschland. Gras und Kiesflächen laufen kreisförmig aufeinander zu, winden sich um den in der Mitte stehenden Baum. Über zahlreiche Wendungen geht man vom Außenkreis in den Innenkreis, und ehe man es sich versieht, ist man wieder am äußeren Rand. Eins ist gewiss: Die mystische Spirale führt stets zum Zentrum, wenn auch auf Umwegen.

Schon immer versuchten Menschen mittels ritueller Tänze, sich mit den Naturkräften zu versöhnen. An Festtagen war es ein besonderes Vergnügen für Jünglinge und unversprochene Mädchen, durch die Windungen dieses Rades zu laufen, weshalb die Anlagen Dreh- und Windelburg genannt wurden. In der Stadtchronik ist die Rede von Brautläufen, bei denen die Braut vom Bräutigam und einem Teil der Hochzeitsgesellschaft verfolgt wurde. Ebenfalls Erwähnung finden dort Pfingstspiele der Handwerkerzunft oder festliche Prozessionen.

Heute gibt es diese rituellen Tänze selten zu sehen. Eher schon Tai-Chi-Anhänger und Menschen, die Extrarunden mit Nordic-Walking-Stöcken drehen. Setzen Sie sich auf den steinernen Rand unter den mächtigen Eichen und Buchen. Sie bekommen unweigerlich Lust, durch die Labyrinthgänge zu gehen und Ihre Gedanken schweifen zu lassen. Ob man auf diese Weise seine eigene Mitte findet, ist das Mysterium, das jeder für sich selbst lösen muss.

Adresse Bernadotteallee, 30177 Hannover-Zoo | ÖPNV Stadtbahnlinie 11, Haltestelle Zoo, Achtung, schwierig zu finden! Vom Zoo kommend befindet sich auf der Bernadotteallee nach circa 300 Metern ein grünes Hinweisschild zu Parkplätzen auf der linken Straßenseite, kurz davor mündet der Wilhelm-Busch-Weg auf die Straße. Direkt gegenüber führen drei Wege in den Wald. Man nehme die verlängerte Sichtachse des Wilhelm-Busch-Weges. Nach 400 Schritten sind Sie am Rad. | Tipp Die Bernadotteallee war von 1925 bis 1956 Teilstrecke der legendären und international bedeutsamen Motorradrennen im Dreieck Zoo–Lister Turm–Steuerndieb. Bei den Eilenriede-Rennen hingen die Menschen in Trauben an den Bäumen, um nichts zu verpassen.

81 Die Rampenstraße

Es führt ein Gleis nach nirgendwo

Ein lang gezogener schmaler Grünzug liegt in Linden neben der Rampenstraße in einer Senke. Steht man auf der Brücke des Kötnerholzwegs, erblickt man allerlei wucherndes Grünzeug, durch das sich Trampelpfade winden. Schaut man genauer hin, entdeckt man ein einzelnes Bahngleis. Zugewachsen, aber doch gut erkennbar. Es führt auf der einen Seite in gerader Linie zum Küchengarten, auf der anderen zum Lindener Hafen.

Die eingezäunte Brache dient als Abenteuerspielplatz, ist verschwiegener Ort für verliebte Paare oder Geschäfte jenseits des Legalen. Was aber hat das Bahngleis hier zu suchen? Wieder einmal muss man tiefer in Hannovers Geschichte eindringen – und landet prompt bei den Welfen. Die hatten gerade die Macht übernommen, und der als versoffen geltende Herzog Christian Ludwig ließ 1652 an der sprudelnden Dieckbornquelle seinen »Küchengarten« anlegen. Frische Produkte waren am Hof gefragt. Nach 100 Jahren wandelte sich der Nutzgarten in einen zum Bespaßen, ganz dem Trend der Gartenmode folgend. 1844 musste ein Lustpavillon her. Man genoss den Blick bis zu den Herrenhäuser Gärten.

Als die Welfen ins Exil flohen, war es damit vorbei. Andere Nutzungsideen entstanden. Unternehmer Egestorff erhielt 1867 eine Genehmigung für eine Bahnlinie, sein Nachfolger führte ein weiteres Gleis zum »Nedderfeld«, wo die Baumwollspinnereien und Webereien standen. Aus dem ehemaligen Küchengarten entwickelte sich der Güterbahnhof. Bald hatte er einen höheren Umschlag als der in Hannover. Von hier wurde die Gasanstalt Glocksee mit Kohlen versorgt. Als die Güterumgehungsbahn nach Lehrte gebaut wurde, verlor der Bahnhof an Bedeutung. 1964 fuhr zum letzten Mal eine Dampflok über die Trasse zur Lindener Brauerei. Ab 1990 brauchte man auch sie nicht mehr für den Transport von Kohle zum Heizkraftwerk. Nun war endgültig Schluss. Seitdem rosten die Gleise vor sich hin.

Adresse Rampenstraße, 30449 Hannover-Linden-Mitte | ÖPNV Stadtbahnlinie 10, Haltestelle Küchengarten, dann über den Platz die Rampenstraße entlang bis zum Kötnerholzweg gehen | Tipp Am Küchengarten 3–5 befindet sich in den ehemaligen städtischen Badeanstalten das Theater am Küchengarten (TAK), Hannovers traditionsreichstes Kabarett. Infos zu den Veranstaltungen unter: www.tak-hannover.de.

82 Die Ricklinger Masch

Erfrischender Hörspaziergang

1953 ist die Ricklinger Masch zum Landschaftsschutzgebiet erklärt worden. Neben dem Schutz von Pflanzen und Tieren in diesem vom Wasser geprägten Lebensraum, gilt es, dies mit den Bedürfnissen von Menschen zu vereinbaren, die Orte für die Naherholung suchen und sich mit der Natur auseinandersetzen wollen. Genau deshalb bietet die Stadt Hörspaziergänge an. »Wunderbare Wasserwege« führt als 90-minütiger barrierefreier Rundweg an sechs Hörstationen vorbei durch die Ricklinger Masch. Die Audiodateien lassen sich kostenlos per QR-Code auf das Smartphone laden. An jeder Hörstation erzählen Fachleute etwas zum Thema Wasser, untermalt von Tierstimmen und plätscherndem, rauschenden oder einfach nur fließendem Wasser. Die Reihenfolge kann beliebig verändert werden.

Startpunkt ist am Wehr »Schneller Graben«, direkt am Ferdinand-Wilhelm-Fricke-Weg. Das künstliche Fließgewässer, erstmals 1449 erwähnt, ist die älteste bekannte Baumaßnahme zur Abwehr von Hochwasser in Hannover und leitet Wasser aus der Leine in die Ihme. Hier fließt auch das Gauetwater, das die Fischwanderung unter Umgehung des Wehrs am Schnellen Graben ermöglicht. Kein Wunder, dass hier von der »Wiege der hannoverschen Wassergewinnung« erzählt wird. Am Ohedamm geht es um den »Mönch in der Wildnis«, einer besonderen Hochwasserschutzmaßnahme. Es folgt die Bibelbrücke am Wasserfehdeweg, einem geschichtsträchtigen Ort, an dem sich der Zorn der Ricklinger gegen die Hochwasserschutzmaßnahmen der Hannoveraner einst in Form von Sabotage entladen hat. Außerdem geht es hier um Flussdeckelschnecken und Bachflohkrebse. Beim Parkplatz Am Deichtor lautet das Thema: Gut geschützt und ungetrübt. An der Reitwinkelbrücke über das Gauetwater heißt es: Vorfahrt für Fische. Die letzte Hörstation befindet sich Am Walle, beim südlichen Abzweig der Teichpfade. Hier erfährt man mehr von alten und neuen Wasserbewohnern.

Adresse Leinewehr über: Ferdinand-Wilhelm-Fricke-Weg 2b, 30169 Hannover | **ÖPNV** U-Bahnlinie 3 oder 9, Haltestelle Stadionbrücke. Schlagen Sie den Weg zur Stadionbrücke ein, direkt dahinter biegen Sie in die Zielstraße ein und gehen bis kurz vor den Parkplatz. | **Tipp** Weitere Hörspaziergänge: Eilenriede, Hermann-Löns-Park in Kleefeld, Hinüberscher Garten in Marienwerder und Maschsee. Die Audiodateien sind abrufbar unter: www.hannover.de/hannover-zum-hoeren.

83 Das Rosencafé

Die Entdeckung der Langsamkeit

Das Rosencafé ist das nostalgische Herzstück des Stadtparks und befindet sich im hinteren Teil. Von außen kommt es schlicht mit Partygarnituren und weißen Plastikmöbeln daher. Seinen wahren Charme entdeckt man erst auf den zweiten Blick. Im Inneren des Flachdachgebäudes scheinen zitronengelb gemusterte Cocktailsessel aus unserer schnelllebigen Zeit herauszufallen, genau wie die gesamte Anlage des Parks. Beide strahlen zeitlose Ruhe und Gelassenheit aus und sorgen für Entschleunigung.

Bei Wochenend und Sonnenschein strömen am frühen Nachmittag bevorzugt ältere Herrschaften hierher, häufig eskortiert von Enkelkindern. Die Haare frisch gelegt, der Rollator griffbereit – so lassen sie bei Kaffee und Kuchen den Blick über die mehr als 130 Rosensorten schweifen.

1951 wurden die Beete als »Rosenneuheitengarten« im Rahmen der ersten Bundesgartenschau nach dem Krieg gezeigt. Nach dem Aufräumen der Trümmer auf dem Gelände der Stadthalle und den Zeiten des »wilden« Gemüseanbaus sollte ein positives Zeichen für einen Neustart gesetzt werden. 1,6 Millionen Menschen folgten dem Ruf und bestaunten die Blumenarrangements, ergänzt um reetgedeckte Pavillons. Einer ist noch rechter Hand am Rosengarten zu sehen.

Im Hintergrund des Parks sieht man die Kuppel der klassizistischen Stadthalle. Fast zeitgleich mit dem Neuen Rathaus entstanden, eifert die Kuppelhöhe hier nicht dem Reichstagsgebäude in Berlin nach: Nichts Geringeres als das Pantheon in Rom diente den Architekten als Vorbild für den Konzertsaal. Bei Fertigstellung war er mit 4.200 Sitzplätzen der größte Europas und besaß eine Orgel, die ihresgleichen suchte – auch wenn die Akustik zu wünschen übrig ließ. Ein Problem, das heute nach der Renovierung behoben ist.

Gottfried Benn dichtete 1935 hier die »Stadtgartenelegien«. Direkt auf die Stadthallenspeisekarte notierte er sein Gedicht »Astern«.

Adresse Clausewitzstraße 6, 30175 Hannover-Zoo, Informationen zum Stadtpark unter www.hannover.de | **ÖPNV** Stadtbahnlinie 11, Haltestelle Congress Centrum/Stadthalle | **Öffnungszeiten** Stadtpark: täglich 8 Uhr bis Einbruch der Dunkelheit, Wasserkunst: April–Ende Okt. 15–17 Uhr eingeschaltet, Rosencafé: Do–Sa 11.30–18 Uhr, So 10–18 Uhr | **Tipp** Ein Spaziergang durchs Zooviertel mit seinen prachtvollen Villen.

84 Die Sackmannstraße

Ein bisschen Dorf

Zug um Zug hat Hannover im Laufe der Zeit seine Dörfer geschluckt, kaum dass sie an die Stadtgrenze heranreichten. Von Königsworth ist nichts erhalten, in der List erinnern letzte Fachwerkhäuser an landwirtschaftliche Wurzeln. Nicht so in Limmer, obwohl Fabriken wie die der Continental Gummi AG den Stadtteil in den letzten 100 Jahren geprägt haben. Vom Leineabstiegskanal kommend, trifft man im alten Teil von Limmer rund um die Sackmannstraße und die Nikolaikirche auf ein Stück dörfliche Idylle. Hier dampft der Misthaufen, kräht der Hahn – und die Erinnerungen an vergangene Zeiten bleiben wach.

Vielleicht liegt es an dem Namensgeber der Straße. Pastor Jacobus Sackmann kam 1680 hierher und machte sich im Laufe von 38 Jahren einen Namen weit über Limmer und Hannover hinaus. Bis nach Versailles gelangten die Abschriften seiner Predigten. Dabei war er ein derber Mann und kein Höfling. Er sprach aus, was die Menschen nach langem Krieg, Hunger und Armut dachten. Mit Intelligenz und Witz kam er vom Hölzchen zum Stöckchen. Er begeisterte nicht nur Kurfürstin Sophie, sondern auch Lieselotte von der Pfalz, die mit dem Bruder von Ludwig XIV. verheiratet war und in Hannover zu Besuch weilte. Sie schrieb: »Ich habe von hertzen gelacht über die schöne Predigt vom dorfpfaff.«

Nach dem Ende der Ära Sackmann wurde die Nikolaikirche abgerissen und 1791 wiederaufgebaut, vorerst als rechteckiger Saal ohne Turm. Der folgte 100 Jahre später, ebenso wie der Altarraum. Solange musste sich das Dorf mit dem »Schafstall von Limmer« hänseln lassen. All das ist längst vergessen. Genau wie die Schwefelquellen des Limmer Brunnens. 1779 entdeckt, entstand bald ein Bade- und Logierhaus. Man badete nicht nur im »heilsamen« Schwefelwasser, sondern trank es auch. Wie Zar Alexander III. Krank in Herrenhausen angekommen, wurde er zur Kur an den Limmer Brunnen geschickt.

Adresse Sackmannstraße 32, 30453 Hannover-Limmer | **ÖPNV** Stadtbahnlinie 10, Haltestelle Brunnenstraße, von dort 5 Minuten Fußweg durch die Tegtmeyerstraße. An einer Fußgängerampel über die Wunstorfer Straße in die Große Straße. Am Ende rechtsherum in die Sackmannstraße. Hinter der Kirche geht es zum Leineabstiegskanal. | **Öffnungszeiten** Die St.-Nicolai-Kirche steht von morgens bis zum Einbruch der Dunkelheit allen offen. | **Tipp** St.-Nicolai-Kirche mit Schnitzereien und Gemälden: Unter der Kanzel in der Taufecke hängt ein Taufbild von Thomas Schäfer. »Die Brücke« von Monet lässt unvermutet grüßen.

85 Der Schlauchomat

Retter in der Not

Galt Hannover in den 50er Jahren als »autogerechte Stadt«, so versucht sie jetzt, ihren Ruf als »Fahrrad-Stadt« auszubauen. Überall entstehen neue Radwege. Mal wird das Straßenpflaster rot angemalt und ein Fahrradsymbol aufgesprüht, mal wird den Autos die Benutzung der Fahrradstraße erlaubt. Verbindungswege werden geschaffen, die sich wie der Julius-Trip-Weg rund um den Maschsee erstrecken. Die Hannoveraner radeln begeistert entlang der Ihme, der Leine oder des Mittellandkanals, durchqueren die Eilenriede Richtung Seelhorst und machen auch nicht davor halt, das Rad in Bus und Bahn zu transportieren, um die Region nicht nur am Großraumentdeckertag zu erobern. Doch was tun, wenn man nach Feierabend oder am Wochenende einen Platten und kein Flickzeug dabeihat? Schluss mit lustig und schieben?

Unser Retter in der Not befindet sich in knalligem Blau an der Friesenstraße. Gab es vor Jahren einige pfiffige Fahrradhändler in Deutschland, die Kaugummiautomaten für Fahrradschläuche umbauten, sind zwei findige Tüftler, Thomas Müller und Helmut Mauer, das Problem in größerem Rahmen angegangen: 2004 erfanden sie den »Schlauchomaten«. Dabei passten sie die Schächte von Zigarettenautomaten den Packungen von Fahrradschläuchen an. 2005 startete der Versuch in Deutschland mit vier Schlauchomaten zu Werbezwecken. Sechs regional am stärksten nachgefragte Schlauchtypen werden inzwischen zu jeder Tages- und Nachtzeit bereitgehalten. Auch an Sonn- und Feiertagen. Meist sind die Automaten direkt neben Fahrradgeschäften an der Hauswand befestigt. Zwei Fahrradschlauch-Marken sind in Hannover in den Automaten zu finden: Die Continental Reifen Deutschland GmbH benutzt das Contigelb, die Firma Schwalbe Blau.

Europaweit (mittlerweile in 13 Sprachen übersetzt) gibt es circa 520 Conti- und 750 Schwalbe-Automaten, davon neun in Hannover, Tendenz steigend.

Adresse Pro Rad, Friesenstraße 48, 30161 Hannover-Oststadt, www.proradhannover.de, www.fahrrad.wikia.com (Verzeichnis der Schlauchomaten) | **ÖPNV** Vom Bahnhof aus geht man zu Fuß 5 Minuten. Durch den Tunnel zur Lister Meile, am Weißekreuzplatz beginnt die Friesenstraße, dann immer geradeaus | **Tipp** 1883, acht Jahre nach dem Tod des »unermüdlichen Spendensammlers« für notleidende Kinder, hat die Witwe Hermann Bödekers die gleichnamige Krippe in der Friesenstraße 27 eröffnet. Bödeker selbst gründete den »1. Norddt. Morgenpromenadenbeförderungsverein«. Nach dem täglichen Spaziergang durch die Eilenriede stärkte man sich im Lister Turm.

86 Das Schrader-Denkmal

Erst retten, dann verhauen

An Wochenenden, an denen Hannover 96 in der AWD-Arena am Maschsee seine Heimspiele absolviert, strömen Tausende von Fußballfans durch die Waterloostraße. Kaum einer beachtet dabei das Denkmal, das seit 1849 gegenüber der Leibniz Bibliothek steht. Der sandsteinerne Obelisk ist Diederich Heinrich Schrader gewidmet. Der Sohn eines Tambours im Garderegiment wurde 1801 in Hannover geboren und lebte hier bis 1847. Ab 1819 arbeitete er als Badeaufseher in der Kadettenanstalt, einer weiterführenden Schule, die bis zum Abitur führte.

Zu jener Zeit herrschten in den Städten katastrophale hygienische Bedingungen. Flussbadeanstalten waren die Alternative, um sich zu reinigen, aber auch das Vergnügen sollte nicht zu kurz kommen. In Hannover befanden sich vier dieser Schwimmbäder nahe der Ihme. Eine davon war die Schradersche Badeanstalt, wo Diederich Schrader seine Kadetten beaufsichtigte und im wahrsten Sinne des Wortes alle Hände voll zu tun hatte. Denn die wenigsten Zöglinge der militärischen Erziehungsanstalt konnten schwimmen. Übermütig stürzten sich die jungen Leute trotzdem in die Fluten und verloren häufiger den Boden unter den Füßen, als ihnen lieb war. In seiner 30-jährigen Dienstzeit soll Schrader 560 Menschen vor dem Ertrinken gerettet haben. Aus Dankbarkeit dafür errichtete man für ihn nach seinem Tod einen Gedenkstein – direkt auf dem Weg zur Flussbadestelle. Die Inschrift lautet: »Mit diesem Denkmal ehrt das Volk die Berufstreue eines seiner Mitbürger. DLX Menschen verdanken ihm ihre Rettung aus Todesgefahr.«

Diederich Schrader beschränkte sich jedoch nicht darauf, seine Mitmenschen aus den Fluten der Ihme zu holen. Ihm wird nachgesagt, dass er den Geretteten, kaum dass sie wieder festen Boden unter den Füßen hatten, eine kräftige Tracht Prügel als warnende Lehre verabreichte. Mit diesen Methoden würde er heute Probleme bekommen.

Adresse Waterloostraße, Ecke Bruchmeisterallee, 30169 Hannover-Calenberger Neustadt | **ÖPNV** Stadtbahnlinie 3 und 9, Haltestelle Waterloo | **Tipp** Der umfangreiche Briefwechsel von Gottfried Wilhelm Leibniz (15.000 Briefe mit mehr als 1.000 Gelehrten) gehört zum Unesco-Weltdokumentenerbe und wird von der gegenüberliegenden Gottfried Wilhelm Leibniz Bibliothek in der Waterloostraße 8 verwaltet, www.gwlb.de.

87 Das Schulbiologiezentrum

Wilder Wald und gärtnerische Ordnung

Wenn man vom Berggarten kommend den Burgweg bis zur Bahnunterführung weiterfährt, entdeckt man direkt dahinter links den Eingang zur Freiluftschule Burg. Das Schulgebäude liegt versteckt in einem 6,5 Hektar großen Waldstück. Wie der Georgengarten wurde er von Christian von Schaumburg gestaltet, dann jedoch sich selbst überlassen. Heute ist er ein Zauberwald mit Bäumen jeden Alters, darunter der wohl älteste lebende Baum Hannovers, eine 800 Jahre alte Eiche.

Ab 1926 verordnete man gesundheitlich gefährdeten Stadtkindern frische Luft und schickte sie in die Waldschule. Nach kriegsbedingter Pause wurde die Freiluftschule 1957 wiederbelebt. Hannoversche Grundschüler dürfen seitdem für eine Woche mit ihren Lehrern in der freien Natur lernen. Unstrukturierte Wildheit erkunden, heißt das Programm, in dem Eichhörnchen und Frösche beobachtet oder Butzen gebaut werden.

1883 entstand der erste Schulgarten in Kleefeld, 1926 verlegte man ihn nach Burg auf ein Grundstück direkt neben der damaligen Waldschule. Blumen und Nutzpflanzen wurden damals wie heute als Anschauungsmaterial für den Unterricht in der Gärtnerei gezogen. Der Botanische Schulgarten ist Teil des Schulbiologiezentrums, einer schulischen Sondereinrichtung der Stadt Hannover, und lädt während seiner Öffnungszeiten alle ein, sich in den Themengärten umzusehen. So entdeckt man im Apothekergarten die unterschiedlichsten Heilkräuter, der Sinnespfad fordert zum Fühlen und Tasten auf, im Geologiegarten werden tote Steine lebendig. Man kann sie nicht nur sehen, tasten und riechen, sondern lernt, zu vergleichen und zuzuordnen. Der »Energiegarten« öffnet den Sinn für die Wirkungen der Sonne, der Bienenfuttergarten beim Bienenhaus sorgt für eigenen Nektar. Pfaue stolzieren herum, und Hühner huschen gackernd über die Wege. Zum Schulbiologiezentrum gehören außerdem die Zooschule und der Botanische Schulgarten Linden.

Adresse Burgweg 2, 30419 Hannover-Burg und Vinnhorster Weg 2, 30419 Hannover-Herrenhausen, Tel. 0511/16847074, www.schulbiologiezentrum.info | **ÖPNV** Stadtbahnlinie 4 oder 5, Haltestelle Herrenhäuser Gärten, von dort folgen Sie dem Burgweg am Berggarten und queren die Haltenhoffstraße. Ein gerader Waldweg führt links am Bahndamm entlang zum Schulgarten Burg. | **Öffnungszeiten** während der Schulzeit Mo–Fr 8–16.30 Uhr, zwischen Oster- und Herbstferien So 10.30–12 Uhr. Während der Sonntagsveranstaltungen sind Wald und Garten für die Besucher zugänglich. | **Tipp** Schlagen Sie den Weg in den Garten der Freiluftschule ein und folgen Sie den verwunschenen Wegen durch die wilde Natur zum Tümpel.

88 Der Seelhorster Friedhof

Es geht auch anders

Hannover verfügt über viele unterschiedlich gestaltete Friedhöfe. In Stöcken hat Julius Trip dafür gesorgt, dass die Landschaftsarchitektur Einzug hielt, in Ricklingen gestaltet man Räume der Stille, um sich zu verabschieden. Seelhorst nennt man den »Reformfriedhof«.

Als er 1920 öffnete, war er der flächenmäßig größte in Hannover mit Platz für 35.000 Grabstellen. Ab 1924 schlug man hier ein neues Kapitel der Bestattungskultur auf. Das einzige Krematorium im norddeutschen Umland wurde mit drei Verbrennungsöfen und einer Knochenmühle in Betrieb genommen. Diese neue Möglichkeit fand schnell Anklang. Zeitweilig standen die Fuhrwerke und Leichenwagen Schlange, um die Verstorbenen aus Hildesheim, Hameln und Lüneburg zum Einäschern zu bringen.

Das Krematorium liegt unter den beiden unterschiedlich groß angelegten Kapellen, die in ihrer Klarheit ein architektonischer Augenschmaus sind. Der Sarg wird auf ein Podest gestellt und wurde früher während der Trauerfeier mit einem Fahrstuhl direkt in den Keller zur Einäscherung gefahren. Das lief technisch perfekt, doch es befremdete den einen oder anderen der Trauergemeinde, der alleine zurückblieb.

Das Problem hat sich erledigt: Seit 1997 ist das Krematorium aus Umweltschutzgründen geschlossen, die Leichenverbrennungen finden in Lahe statt. Die ehemaligen Räume werden mittlerweile als Museum genutzt und zeigen Beispiele der hannoverschen Bestattungs- und Friedhofskultur wie den Zinkübersarg für Grüfte. Das Modell »J. F. Kennedy« ist ausgestellt, genau wie ein Leichensack und eine Zinkwanne.

Der Reformfriedhof richtet sich nach den Anliegen seiner »Kunden«. So entstand der Seelwald am östlichen Rand des Friedhofs. Hier kann man einen Baum auswählen, unter den die Urne kommt. Ein Holzbildhauer setzt auf Wunsch ein Gedenkzeichen oder den Namen des Verstorbenen auf Holzstammskulpturen.

Adresse Garkenburgstraße 43, 30519 Hannover-Seelhorst, www.friedhofsmuseum-hannover.de | **ÖPNV** Stadtbahnlinie 8 und 18, Haltestelle Stadtfriedhof Seelhorst | **Öffnungszeiten** Friedhof: 1. Nov. – 14. März 9 – 17 Uhr, 15. März – 31. Okt. 8 – 20 Uhr, Museum: jeden 1. Mi im Monat 13 – 16 Uhr | **Tipp** Gehen Sie auf der Rückseite des Friedhofs durch einen Weg zwischen den Kleingärten zum »Alten Jagdhaus«, erbaut 1852 von Laves.

89 Die Seufzerallee

Leiden unter Kopfweiden

An der ersten vor den Toren Hannovers angelegten Promenade wachsen beidseitig kurz gehaltene Kopfweiden. Der Volksmund prägte den Namen »Seufzerallee«.

Man könnte meinen, dass die Bezeichnung entstand, weil die 96-Fans nach den Spielen in der einen oder anderen Saison mit hängenden Köpfen und tiefen Seufzern hier entlang nach Hause gegangen sind. Andere sagen, dass der Name von den Verliebten herrührt, die sich hier einst zum Stelldichein getroffen haben. Manch Soldat wurde mit tränennassen Augen und einem letzten Kuss in den Krieg geschickt. Welcher Erklärung auch immer man folgt, fest steht, dass die romantischste aller Maschseegrünanlagen nicht nur Liebesbriefschreiber beflügelt hat. So notierte Albrecht Schaeffler nach einem späten Spaziergang durch die »schweigenden Krüppelweiden«, wie der »trübrote Nachthimmel über der Fabrikstadt glühte«. Ganz anders Kurt Schwitters, der sieht die Seufzerallee in einem seiner Mythologeme eher als letzte Station vor dem Selbstmord: »Sie kamen allein oder zu Zweien vom Schützenhause in der Seufzer Allee, einer Kopfweidenallee am Ufer der Leine, und Hupp sprangen sie in die aufgewühlten gelben Fluten des Schnellen Grabens. Es war ein schneller Tod, und die Leichen wurden nach Linden gespült.«

Die Seufzerallee ist die kürzeste Verbindung von der Stadt zum Schnellen Graben, einer künstlichen Verbindung zwischen Leine und Ihme in der Masch. Anfang des 18. Jahrhunderts wurde der Graben von den Hannoveranern wegen der vielen Hochwasser angelegt. Allerdings sehr »einseitig«, denn das Wasser schwappte nun nach Ricklingen. Die Ricklinger seufzten nicht nur, sie bewaffneten sich mit Forken, Äxten und Mistgabeln und zeigten den Hannoveranern, was eine Harke kann, und zerstörten die gerade befestigte Anlage. Der Wasserkrieg dauerte 50 Jahre. Der Graben blieb, aber Ricklingen erhielt wenigstens eine Entschädigung.

Adresse Seufzerallee, 30169 Hannover-Calenberger Neustadt | ÖPNV Stadtbahnlinie 3, 7 und 9, Haltestelle Waterlooplatz | Tipp In jüngerer Zeit setzen sich Neuanpflanzungen als Allee auf der anderen Seite des Arthur-Menge-Ufers fort. Über die Schützenhausallee kommt man zum ehemaligen Maschpark-Milchhäuschen, jetzt Lorettas Biergarten.

90_Der Sonnensee

Nichts als nackte Natur

Im Stadtteil Misburg liegt der Sonnensee mit seinen 160.000 Quadratmetern mitten im Landschaftsschutzgebiet. Auf dem über 640.000 Quadratmeter großen Grundstück hat der Bund für Familiensport und freie Lebensgestaltung (BffL) Europas größtes vereinseigenes FKK-Gelände mit Stellplätzen für Wohnwagen und Wohnmobile entwickelt. 1.700 FKK-Anhänger genießen hier nacktes Leben und Natur pur.

Wassersport wird hier großgeschrieben. Schwimmen ist am beliebtesten, gefolgt von Segeln und Schlauchbootfahren. Kinder planschen am Familien-Sandstrand. Man spielt Beachball, Pétanque, Ring-, Tisch- und Minitennis sowie Badminton. Sogar Leichtathletik und Gymnastik stehen hoch im Kurs. Bundesweit bekannt sind die sommerlichen Sonnenseespiele. Bis zu 800 Sportler reisen dann zum Volley- und Faustballspielen an. Auf der Liegewiese werden 24 Spielfelder abgesteckt. Dresscode »nackt« ist beim Sport kein Dogma, sondern eigene Entscheidung. Textillos baden wird jedoch erwartet.

Die Freikörperkultur entsprang in den 20er Jahren einer Bewegung gegen beengte städtische Wohn- und Lebensverhältnisse und Spießertum. Die Menschen sehnten sich nach Licht und Sonne, leichter und lockerer Bekleidung und natürlicher Nacktheit – was von den Nazis nicht gerne gesehen wurde. 1947 wagten ehemalige Mitglieder des Bundes für Leibeszucht per Zeitungsinserat einen Neustart in Hannover, unterstützt von der britischen Militärregierung. In harter Arbeit wandelte man die riesige Ödnis am Rande des Altwarmbüchener Moores zur Freizeitstätte um, ein Tümpel diente zum Baden. Das änderte sich 1960. Der Sonnensee, entstanden beim Bau des Autobahnkreuzes, prägt seitdem das Gesamtbild mit üppigem Uferbewuchs und bunter Vogelwelt. Interessierte können ein Tagesticket lösen oder eine Schnuppermitgliedschaft beantragen. Am Tag der offenen Tür kann jeder das Gelände besuchen.

Adresse BffL Hannover e. V. /FKK-Sportpark, Waldstraße 99, 30629 Hannover-Misburg-Nord, Tel. 0511/5940895, www.bffl-hannover.de | **Anfahrt** mit dem Auto oder Fahrrad: nach Hannover-Misburg bis Ampelkreuzung Meyers Garten, in die Waldstraße einbiegen, an der links abknickenden Vorfahrt geradeaus in den Wald, der asphaltierten Straße bis über die Autobahnbrücke folgen, am Ende dieser Straße scharf links | **Öffnungszeiten** unter www.campingpark-sonnensee.de | **Tipp** Ganz in der Nähe im Landschaftsschutzgebiet liegt auch der Blaue See mit dem Naturfreundehaus. Seine Grünfärbung bekommt das Wasser der ehemaligen Kiesgrube vom eingefüllten Mergelaushub, der beim Bau der Schleuse in Anderten anfiel. Am Fahrhorstfelde 50, Tel. 0511/580537.

91 Die Staatskanzlei

Geri und Freki haben alles im Blick

Die Planckstraße 2 ist Sitz der Niedersächsischen Staatskanzlei. 1935 von Adolf Springer erbaut, wandelte sich das Haus vom Elektro-Großhandel zum jugoslawischen Generalkonsulat, dem der Besitzer, Hans Lerch, als Honorarkonsul vorstand. Das Gebäude überstand den Krieg und beherbergte ab 1955 die Generaldirektion der Mühlenbauindustrie, bis das Land es 1967 erwarb. Die Staatskanzlei sollte dort vorübergehend untergebracht werden, bis der repräsentative Bau auf dem Friederikenplatz als neuer Mittelpunkt des Regierungsviertels fertiggestellt wäre. In diesem Zuge riss man rigoros die vom Krieg verschonte Wasserkunst und das Friederikenschlösschen ab. Doch kostspielige Träume sind manchmal wie Schäume und platzen rund um den Landtag gerne.

Das Provisorium ist mittlerweile renovierter Dauerzustand mit neuem Eingangsbereich. Die wechselnden Ministerpräsidenten haben sich im Schatten des ehemaligen Provinzial- und heutigen Landesmuseums eingerichtet.

Direkt gegenüber des Eingangs befindet sich seit 1902 – mit einer kriegsbedingten Unterbrechung von 40 Jahren – die »Wotan-Gruppe« des Bildhauers Wilhelm Engelhard. Wotan, der Hauptgott der nordischen Mythologie, steht für die beharrliche Suche nach Weisheit. Er soll sogar sein Auge im Austausch gegen seherische Kräfte gegeben haben. Flankiert wird er von den Wölfen Geri und Freki sowie den Raben Huginn und Muninn. Den fünfen entgeht nichts von dem, was im Zentrum der niedersächsischen Macht vor sich geht. Außer im Winter. Von April bis Oktober kommt die »Wotan-Gruppe« in die Wintereinhausung. Der hannoversche Künstler Timm Ulrichs schuf 2011 eine Hülle, die an militärische Tarnkleidung erinnert. Sie ist das einzige Werk, das der hintersinnige Meister des »Verhüllens und Tarnens« im öffentlichen Raum Hannovers in Szene gesetzt hat. Der selbst ernannte »Totalkünstler« liebt es, geläufige Weltsichten zu hinterfragen.

Adresse Planckstraße 2, 30169 Hannover-Südstadt | **ÖPNV** Stadtbahnlinie 1, 2 oder 8, Haltestelle Aegidientorplatz, vom Friedrichswall in die Willy-Brandt-Allee links abbiegen, dann rechts in die Langensalzastraße. Von dort geht die Planckstraße nach wenigen Metern ab. | **Tipp** Seit 1908 liegt die Wiege von Hannovers Frauen-Bildungsemanzipation in der Langensalzastraße, direkt um die Ecke. Die Wurzeln der Wilhelm-Raabe-Schule reichen sogar bis ins Jahr 1790 zurück. Über dem »Lehrer-Eingang« ist ein Kleeblatt zu sehen, war doch die Stadt Bauherr der »Höheren Töchterschule«.

92 Der Stadtteilbauernhof

Ein Paradies für Franz von Hahn und Waldemar

Wenn an frostkalten Wintertagen die Möwen über dem Märchensee kreischen, im Rumpelstilzchenweg Ponys wiehern, Schafe blöken, Hühner gackern und Schweine grunzen, dann befinden wir uns nicht in einem Freizeitpark, sondern im Herzen von Hannover-Sahlkamp. Hier leben Familien aus 60 Nationen. Arbeitslosigkeit, Jugendgewalt und Drogenmissbrauch sind die großen Probleme in diesem von Hochhäusern geprägten Stadtteil.

Mit dem Stadtteilbauernhof verfolgt man seit 1998 einen erlebnispädagogischen Ansatz, der Kindern und Jugendlichen von sechs bis 14 Jahren Alternativen zur Tristesse bieten soll. Blumen, Salat, Pferde, Hühner, Schweine, Schafe, Esel und Ziegen – sie alle warten auf liebevolle Pfleger. Schafe müssen auf die Weide gebracht, Ställe wollen ausgemistet oder Ziegen gemolken werden. Dafür darf man zur Belohnung Pony reiten oder voltigieren. Tierfreunde sind herzlich eingeladen, Tierpatenschaften zu übernehmen. Die Idylle geht direkt dahinter mit dem Bienenprojekt weiter. Freitags um 15 Uhr wird jeder willkommen geheißen, der sich den Garten und die sieben Bienenvölker ansehen will. Gerne führt man die »sanftmütigen« Insekten vor, Imkermützen zum Schutz vor Stichen inklusive. Gäste dürfen einen Löffel vom selbst geernteten Honig naschen und bei der Arbeit zuschauen.

Im sozialen Brennpunkt sind mittlerweile zwei interkulturelle Gärten entstanden. Auf dem Dach einer wenig genutzten Tiefgarage im Spessartweg wurde 2007 in einer gemeinsamen Aktion erst Müll weggeräumt, dann Mutterboden aufgeschüttet. Schon am Abend steckte man Beete ab und setzte Zwiebeln in die Erde. Heute bauen auf dem Gartendach zwölf Familien aus Afghanistan, Deutschland, Polen, dem Kosovo, dem Libanon, Mazedonien, Sri Lanka, Syrien, der Türkei und Weißrussland Gemüse, Kräuter und Blumen an. Ein Jahr später wurde das nächste Garagendach aufgeräumt und umgestaltet, dieses Mal im Steigerwaldweg.

Adresse Stadtteilbauernhof: Rumpelstilzchenweg 5, Interkulturelle Gärten: Steigerwaldweg, Spessartweg, 30179 Hannover-Sahlkamp, Tel. 0511/6044703 | ÖPNV Stadtbahnlinie 2, Haltestelle Bahnstrift, links in die Hägewiesen, dann in den Siebenschönweg, anschließend dem Rumpelstilzchenweg folgen | Öffnungszeiten Mo, Di, Do, Fr 14.30–18 Uhr, Obstgarten jeden Fr ab 15 Uhr | Tipp Am Vahrenwalder Markt 1 gibt es seit etlichen Jahren Hannovers erste Adresse für Patisseriewaren, das »Elysee«. Die Petit Fours sind Legende. Mittlerweile gibt es einen Webshop und weitere Filialen, www.patisserie-elysee.de.

93_Der Tintengraben

Die Grenze zum Kakolorium

Das Bauerndorf List wurde Ende des 19. Jahrhunderts für den Wohnungsbau, vor allem aber für die prosperierenden Industrieanlagen entdeckt. Bahlsen siedelte sich an, Louis Eilers war zeitweise hier, Eugen de Haen kam.

Der Zeichenlehrer Hornemann hatte 1832 die Idee, Künstlerfarben nicht mehr ausschließlich aus Frankreich und England einzuführen, sondern selber herzustellen. Sein späterer Werksleiter Günther Wagner übernahm das Unternehmen. 1878 meldete er mit dem seinem Wappen entnommenen Pelikan eines der ersten Warenzeichen in Deutschland an, 1906 war der Bau der Günther Wagner/Pelikan Werke in reinem Stahlbetonbau mit roten Ziegelmauern fertiggestellt. Hermann Löns lobte in der Zeitung die moderne Einrichtung und hob hervor, wie viel für Gesundheit, Sicherheit und Bequemlichkeit der Angestellten und Arbeiter getan worden sei. Der Wille war da, allein die Technik noch nicht ausgereift. Die Kanalisation in der List fehlte, und trotz neu gebauter Kläranlage floss je nach Produktion eine dicke blauschwarze oder rote Schlammschicht in den offenen »Tintengraben«. Auf dem Weg zur Wietze verblasste die Verfärbung, und bei der Einmündung in die Isernhägener Feldmark war sie so gut wie verschwunden. Hier badeten sogar kleine Kinder im Bach.

Überhaupt hatte man damals ein lässiges Verhältnis zu den anfallenden Abfällen. Was man nicht brauchte, kam zum »Kakolorium« in Höhe der heutigen Constantinstraße. Der »Dreckberg« wurde vom »Tintengraben« begrenzt und wuchs und wuchs bis zum Jahre 1936. Man nannte ihn die »Lister Alpen«. Die wurden nur noch von der »Lister Schweiz« nördlich der Waldstraße getoppt. Die Halde mit gipsartigen Rückständen der Fluss-Säure-Fabrikation von de Haen nannte man »Gipsberg«. »Eine verwahrloste Stätte«, titelte die Abendpost 1913. Der »Gipsberg« wurde 1928 abgetragen. Unter den Folgen der Altlasten leiden die Anwohner noch heute.

Adresse Tintengraben, 30177 Hannover-List | **ÖPNV** Stadtbahnlinie 3, 7, 9, Haltestelle Pelikanstraße | **Tipp** Nehmen Sie sich die Zeit und schlendern Sie in Ruhe über das Pelikangelände. Es gibt viel zu entdecken. Nicht einmal der Pförtner weiß ganz genau, wo der Historische Saal ist. Dann gibt es noch die Apostelhalle und dahinter die Pelikan Bar und … und …

94 Der Tortenkönig

Was frau so braucht zum Glücklichsein

Der schönste Tag im Leben will gebührend gefeiert werden. Dazu braucht frau nicht nur ein Kleid, Dessous und eine Geschenkliste, sondern neben Bräutigam und Trauzeugen auch die passende Hochzeitstorte. Möglichst mit mehreren Etagen. Und ganz oben thront ein stilisiertes Brautpaar. Genau wie in den amerikanischen Filmen. Aber wie werden solche Träume wahr?

Ganz einfach. In Linden befindet sich in der Nähe des Schwarzen Bären das Schaufenster des Café Mönike. Seit über 30 Jahren wird in der Konditorei die Kunst des Tortenbackens hochgehalten. Hier gibt es Prachtexemplare in jeder erdenklichen Form. Für Konditormeister Karsten Peters, der im Laden seine Lehre absolvierte und seit einem Vierteljahrhundert in diesen Räumen arbeitet, sind die Torten Leidenschaft und Berufung zugleich. Einen besonderen Ruf hat sich das Café mit Hochzeitstorten erobert. Bis zu 150 dieser stilvollen Torten backt Peters jedes Jahr für den schönsten Tag im Leben einer Frau. Er fertigt die filigransten Kunstwerke ganz nach Wunsch der Brautleute. Aber egal, wie hoch solch eine Komposition wird, Hauptsache, der krönende Aufsatz passt.

Damit seine Kundschaft eine entsprechende Auswahl hat, ist im Verkaufsraum ein Regal für diese Figuren reserviert, genau wie seitlich an der Wand. Weil der Platz jedoch nicht reichte, hat der selbst ernannte »Tortenkönig von Hannover« gleich nebenan noch ein Schaufenster für seine Deko dazugenommen. Hier kann man die klassischen »Ganz in Weiß«-Modelle unter einem Torbogen sehen, aber auch die sportlichen Varianten, die den Heiratswilligen auf dem Motorrad und seine Angetraute auf dem Sozius zeigen. Es gibt auch Bräute mit Peitsche. Wer genug vom Hochzeitsfieber hat, darf es sich im Café oder Hofgarten bei einer Tasse Kaffee und einem Stück Eierlikörtorte gemütlich machen. 20 Torten werden täglich in Handarbeit hergestellt und man hat die Qual der Wahl zwischen Frankfurter Kranz, Himbeersahnetorte oder …

Adresse Falkenstraße 13, 30449 Hannover-Linden-Mitte, www.hannovers-tortenkoenig.de | **ÖPNV** Stadtbahnlinie 7, 17, Haltestelle Schwarzer Bär | **Öffnungszeiten** Mo–Sa 7.30–18 Uhr, So und Feiertage 10.30–18 Uhr | **Tipp** Der Platz »Am Schwarzen Bären« (benannt nach einer gleichnamigen Gaststätte) liegt direkt an der Ihme. Seit 1873 gibt es gewerbliche Fahrgastschifffahrt ab Anleger »Schwarzer Bär«, direkt an der Ihmebrücke, www.ihme-schifffahrt.de.

95 Der UhrWald

Die Zeit vergessen, um sie zu strecken

Auf einem Grundstücksdreieck an der Hildesheimer Straße und dem Engesohder Friedhof ist von der Wohnungsbaugenossenschaft Gartenheim ein inzwischen durch Wildwuchs geprägter Garten angelegt worden: der UhrWald. Bewusst wurde hier ein Ort geschaffen, der dazu da ist, die Zeit zu vergessen. Ein Hinweisschild versucht, dem Besucher das Thema »Zeit« nahezubringen. »Zeit ist kostbar, da sie uns offenbar zwischen den Händen zerrinnt. Zeit kann man anderen ohne eigenen Vorteil stehlen, und man kann sie ebenso sinnlos verschwenden.« Der Text mündet in der Erkenntnis, dass Zeit nicht gleich Zeit sei und dass man sie mit einem kleinen Trick in der eigenen Wahrnehmung verlängern könne. Wichtig sei, dass man den Moment als solchen in sich aufnimmt, ihn genießt oder dem Gefühl nach Glück nachspürt. Tun wir das, wird aus einem kleinen Augenblick ein längerer in unserer Erinnerung, wir haben die Zeit subjektiv gestreckt.

Man betritt den Garten über ein 200 Jahre altes Sandsteinpflaster einer Dorfstraße aus Brandenburg. Der Weg führt vorbei an einem Brunnen aus dem 19. Jahrhundert, bei dem das Wasser aus einem Löwenkopf rinnt. Weiter geht es zum »Platz der Möglichkeiten«, wo man verweilen kann. Dahinter führen Wege aus Rindenmulch zum Teich, dem »Frog Spot« mit seinen quakenden Bewohnern. Auf dem Boden bilden Brennnesseln und Waldmeister einen ursprünglichen Bewuchs. Brombeeren und Heckenrosen winden sich in luftige Höhen zu den Nistkästen für Fledermäuse. Igelburgen und Futterstellen für Eichhörnchen sorgen dafür, dass in dem dicht bewachsenen Parkzipfel neben der viel befahrenen Hildesheimer Straße ein »Wald«-Gefühl entsteht. Klang- und Lichteffekte werden durch Bewegungsmelder gesteuert und führen beim Besuch des UhrWaldes zu Irritationen.

Der Eintritt ist frei, und alle sind herzlich willkommen, ein neues Gefühl für die Zeit zu entwickeln.

Adresse Hildesheimer Straße 142, 30173 Hannover-Südstadt | **ÖPNV** Stadtbahnlinie 1, 2, 8, Haltestelle Altenbekener Damm | **Öffnungszeiten** Tag und Nacht | **Tipp** Wenige Meter entfernt liegt der Döhrener Turm. Er ist Mitte der 70er Jahre renoviert und der Öffentlichkeit wieder zugänglich gemacht und für kulturelle und gesellschaftliche Zwecke zur Verfügung gestellt worden. Die »Freunde des Döhrener Turms« öffnen ihn mehrmals jährlich für Besucher, Näheres unter www.döhrener-turm.de.

96 Die Unterführung

Ort oder Nicht-Ort, das ist hier die Frage

In der Südstadt trifft man häufiger auf den Namen von Reichskanzler Bismarck. Da gibt es die Bismarckschule, die verschwundene Bismarcksäule am Maschsee, die Bismarckstraße und natürlich den Bismarck Bahnhof. Da passt es gut, dass die höher gelegte Bahnbrücke von vier riesigen Steinadlern flankiert wird, die furchterregend auf den Betrachter schauen. Zu Reichskanzlers und Kaisers Zeiten waren diese Vögel ein beliebter Schmuck für Eisenbahnbrücken. An der Hildesheimer Straße gibt es baugleiche Exemplare.

Das Besondere am Bismarck Bahnhof ist jedoch nicht das Gebäude, in dem sich Restaurant- und Clubbetreiber wechselweise die Klinke in die Hand geben. Es ist die Bahnunterführung, durch die man vom belebten Altenbekener Damm und der Mainzer Straße in die grüne Oase der Alten Bult gelangt. Wie ein Zeitreisender fühlt man sich, wenn man an den gusseisernen Stahlsäulen vorbeigeht, denen die vergangene Zeit nichts anhaben konnte.

Die spezielle Atmosphäre hat eine Seminargruppe der Universität veranlasst, hier zum Thema »Dekonstruktivismus« zu forschen. Es ging dabei um nicht weniger als die philosophische Fragestellung: Was ist ein Ort, und was kennzeichnet einen Nicht-Ort? Die Studenten waren der Meinung, dass das Charisma der Unterführung des Bismarck Bahnhofs ihre Funktionalität überlagert und zu gedanklichen Spaziergängen einlädt. Und nicht nur das. Beim Durchqueren spürten die Teilnehmer ihren Gefühlen nach, und einige stellten fest, dass sie die Unterführung schnell durchqueren wollten, um ins ländliche Grün zu kommen. In umgekehrter Richtung stellte sich dieses Gefühl nicht ein.

Die Studenten inszenierten für einen Videofilm Pappfiguren an unterschiedlichen Stellen und spürten Blickwinkeln nach, wie dem bislang unbemerkt gebliebenen Lichtschacht. Die Pappfiguren sind inzwischen wieder verschwunden, die Faszination des Ortes ist geblieben.

Adresse Mainzer Straße 6, 30173 Hannover-Südstadt | ÖPNV S-Bahn-Linie 1, 5 oder Buslinie 121 bis Haltestelle Bismarckstraße | Tipp In der Verlängerung der Mainzer Straße stoßen Sie in der Jordanstraße 26 auf das SofaLoft. Untergebracht in einer alten Porzellanfabrik wird der Loft-Charakter mit viel Tageslicht, kreativer Möbel-Ladengestaltung und Kultur von Kino bis Kunst vermischt. Das ist einmalig in Hannover, www.sofaloft.de.

97 Veterinärmedizin-historisches Museum

Hort des Bewahrens und Bestaunens

Seit 1973 gibt es in Hannover das einzige der Öffentlichkeit zugängliche Fachmuseum, in dem man sich darüber informieren kann, wie Pferde, Rinder oder andere Haustiere in den letzten 200 Jahren medizinisch versorgt wurden. Es gehört zur Tierärztlichen Hochschule Hannover, 1778 als »Königliche Roß-Arzney-Schule« von Georg III. gegründet. Sie war eine der ersten ihrer Art in Deutschland. Alles drehte sich am Braunschweiger Platz und in der Möckernstraße um Pferde, waren sie doch von großer militärischer Bedeutung. Um Rinder kümmerte man sich erst ab 1925 intensiver.

Bei der Erkundung des Museumsmagazins begegnet man den Anfängen der Tiermedizin. Die zahlreichen Instrumente und Geräte zur Diagnostik, zum Aderlass, zur Geburtshilfe, Kastration, Huf- und Zahnbehandlung lassen beim Tierfreund Assoziationen an Folterkammern aufkommen. Dabei ist diese Schausammlung ein Hort des Bewahrens und Bestaunens und dazu gedacht, den Studenten und Besuchern fachhistorisches Wissen zu vermitteln.

Die gezeigten Exponate stammen fast ausschließlich aus Schenkungen und privaten Nachlässen. Die Studenten katalogisieren die Objekte oder Arzneimittel und verbringen viele Stunden damit, Instrumenten- oder Arzneikataloge zu wälzen.

Mehr als 650 Exponate geben Einblick in die Geschichte der Hochschule, der Entwicklung der Tiermedizin und der tierärztlichen Tätigkeit. 1995 kamen 300 militärgeschichtliche Exponate dazu, denn die Rolle des Tierarztes ist eng mit der Militärtradition der jeweiligen Herrscher verbunden. Das drückt sich sowohl in Uniformen als auch in »mobiler« Bereitschaft zur Pflege verletzter Tiere aus, bis hin zur Begasungseinrichtung gegen Parasiten. Auch das erste Patent für einen Veterinär im Feld liegt aus. Unterschrieben vom Kaiser.

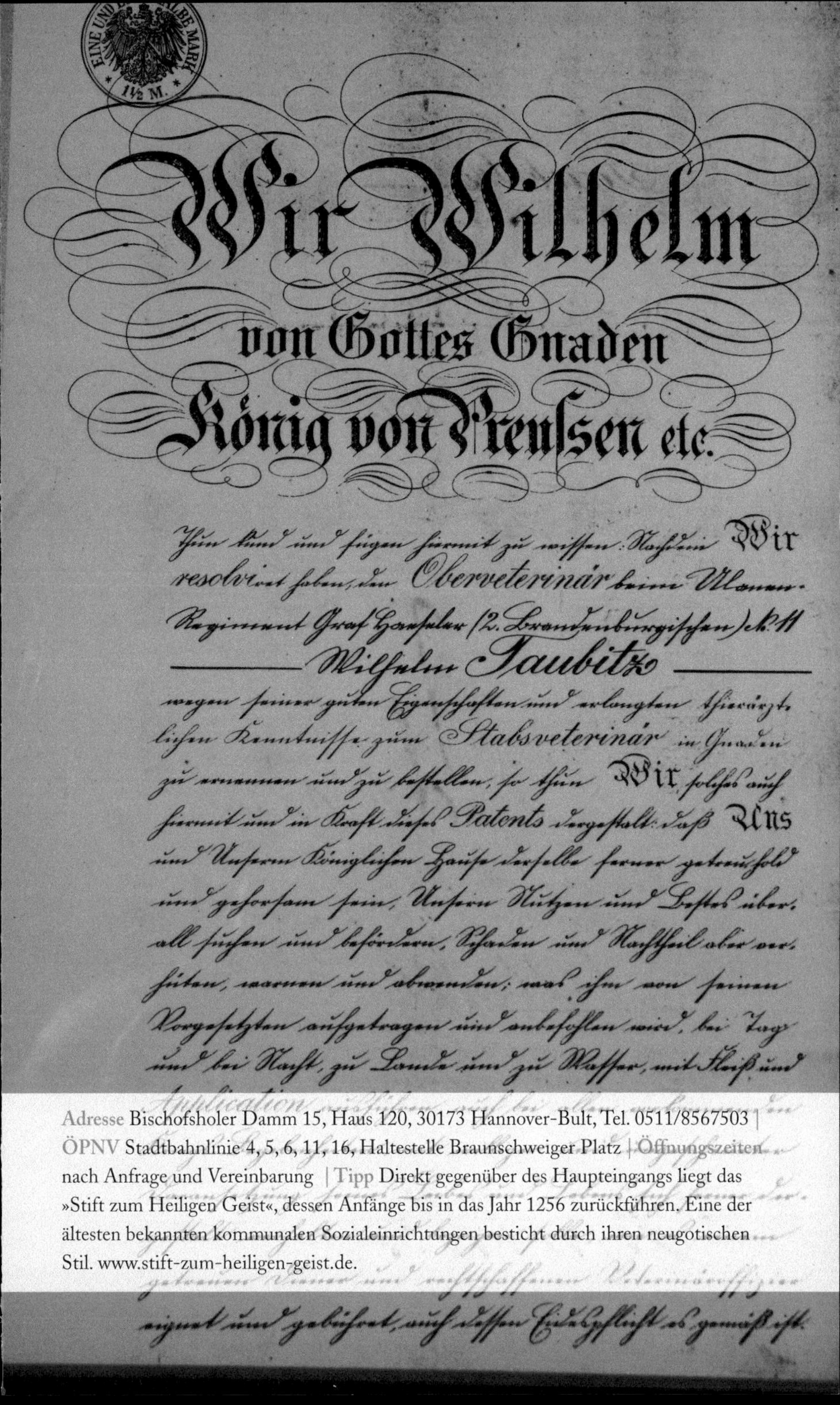
EINE UND EINHALBE MARK 1½ M.

Wir Wilhelm
von Gottes Gnaden
König von Preußen etc.

Thun kund und fügen hiermit zu wissen: Nachdem Wir resolviret haben, den Oberveterinär beim Ulanen-Regiment Graf Haeseler (2. Brandenburgischen) No. 11

——— Wilhelm Taubitz ———

wegen seiner guten Eigenschaften und erlangten thierärztlichen Kenntnisse zum Stabsveterinär in Gnaden zu ernennen und zu bestellen, so thun Wir solches auch hiermit und in Kraft dieses Patents dergestalt: daß Uns und Unserem Königlichen Hause derselbe ferner getreu, hold und gehorsam sein, Unseren Nutzen und Bestes überall suchen und befördern, Schaden und Nachtheil aber verhüten, warnen und abwenden; was ihm von seinen Vorgesetzten aufgetragen und anbefohlen wird, bei Tag und bei Nacht, zu Lande und zu Wasser, mit Fleiß und Application ausführen …

… eignet und gebühret, auch dessen Eidespflicht gemäß ist.

Adresse Bischofsholer Damm 15, Haus 120, 30173 Hannover-Bult, Tel. 0511/8567503 | ÖPNV Stadtbahnlinie 4, 5, 6, 11, 16, Haltestelle Braunschweiger Platz | Öffnungszeiten nach Anfrage und Vereinbarung | Tipp Direkt gegenüber des Haupteingangs liegt das »Stift zum Heiligen Geist«, dessen Anfänge bis in das Jahr 1256 zurückführen. Eine der ältesten bekannten kommunalen Sozialeinrichtungen besticht durch ihren neugotischen Stil. www.stift-zum-heiligen-geist.de.

98 Die Villa Seligmann

Jüdische Traditionen bewahren

Viele hannoversche Kinder kennen die Villa Seligmann auf der Hohenzollernstraße von innen. Jahrelang diente sie als Musikschule, und viele junge Menschen lernten hier ihre ersten Flötentöne.

Auch heute wird hier wieder viel musiziert, aber in einer anderen Richtung. Die Villa Seligmann ist inzwischen auf Initiative von Professor Andor Izsák der Sitz des Europäischen Zentrums für Jüdische Musik (EZJM) geworden, das zur Hochschule für Musik, Theater und Medien Hannover gehört. Es widmet sich nicht nur der Dokumentation und Rekonstruktion jüdisch-liturgischer Musik, es sammelt und bewahrt auch Dokumente, Instrumente und Tonaufnahmen. Ziel ist es, die Musik der Synagoge in Konzerten und Ausstellungen den Menschen nahezubringen. Keinen musealen Charakter möchte man herstellen, sondern ein lebendiges religiös-kulturelles Erbe pflegen.

Nirgendwo könnte das besser gelingen als in der Villa Seligmann, deren Bau 1906 an der Hohenzollernstraße fertiggestellt wurde. In der Straße mit den repräsentativen Bauten wohnte man, wenn man es zu etwas gebracht hatte.

Der Jude Siegmund Seligmann war so ein Erfolgsmensch. Er kam aus Verden und fand nach einer Ausbildung in Harburg eine Anstellung im hannoverschen Bankhaus Magnus als Kassenbeamter. In dieser Position bekam er die Aufgabe, die 1871 gegründete »Continental Caoutchouc & Gutta-Percha Compagnie«, den Vorläufer der Continental AG, zu prüfen. Er befand die angeschlagene Firma für überlebensfähig und wurde mit 26 Jahren beauftragt, in deren Leitung einzutreten. Die Conti wuchs unter und mit ihm, und fast 50 Jahre lang leitete er die Geschicke des Unternehmens. Heute ist seine Villa mit Holzvertäfelungen, wertvollen Tapeten und Deckengemälden aufwendig restauriert und ein Schmuckstück, in dem etwas von der bürgerlichen jüdischen Kultur und viel von der Schönheit der jüdischen Musik erlebt werden kann.

Adresse Hohenzollernstraße 39, 30161 Hannover-Oststadt, www.villa-seligmann.de, www.ezjm.de | **ÖPNV** Stadtbahnlinie 3, 7 und 9, Haltestelle Lister Platz | **Tipp** In der Villa finden regelmäßig Konzerte mit Synagogenchören und jüdischen Kantoren aus aller Welt statt. Um eine Einladung zu erhalten, muss man sich anmelden unter info@ezjm.de.

99 Das Wallmodenpalais

Einmal im Jahr wird's »very british«

Seit einem Vierteljahrhundert wird im Spätsommer »british lifestyle« mit Sonnenhut und Picknickdecke im Georgengarten zelebriert. Wie bei Promenadenkonzerten in England musiziert hier ein Sinfonieorchester zusammen mit Pianisten oder Solisten auf der Freiluftbühne. Das kostenlose »Open-Air-Konzert mit Picknick« wird von der Chopin-Gesellschaft Hannover initiiert, einer der aktivsten in Deutschland.

Das Konzert findet vor dem ehemaligen Wallmodenpalais statt. Johann Ludwig von Wallmoden war das uneheliche Kind von Georg II. Das war für niemanden ein Problem, ohne Presseberichterstattung lebte es sich in Adelskreisen damals ganz entspannt. Wurde die Geliebte des Königs schwanger, stand ein passender Mann zur Heirat bereit. Im Falle von Georg II. bekam Adam Gottlieb von Wallmoden noch 1.000 Dukaten »Schmerzensgeld« dazu. Die Ehe hielt trotzdem nicht, und Amalie Sophie von Wallmoden zog 1740 als offizielle Mätresse zum Königshof nach London. In Zeiten der Personalunion zählte Hannover gerade mal 15.000 Einwohner, London hatte längst 600.000. Kein Wunder, dass die Welfen lieber in England residierten.

Wallmoden kam als Kind in den Genuss einer umfassenden Erziehung im St. James's und Kensington Palace. Nach seiner Ausbildung durfte er eine Kavalierreise nach Italien machen. Dort legte er den Grundstock seiner Kunstsammlung. Wieder zurück in Hannover erwarb er Grundstücke und ließ sich das Wallmodenpalais inmitten der Wallmodengärten errichten. Nach seinem Tod kaufte Georg III. Schloss und Park. Unter der Regie von Christian von Schaumburg wandelte sich der Garten ab 1835 zum Landschaftspark. Später wurde er zu Ehren Georgs IV. umbenannt. Seit 1921 befinden sich Georgengarten und Georgenpalais im Besitz der Stadt Hannover. Seit 1950 ist das »Wilhelm Busch – Deutsches Museum für Karikatur und Zeichenkunst« hier untergebracht.

Adresse Georgengarten, 30167 Hannover-Nordstadt, Tel. 0511/16999911/16, www.karikatur-museum.de | ÖPNV Stadtbahnlinie 4 und 5, Haltestelle Schneiderberg | Öffnungszeiten Der Park ist Tag und Nacht zugänglich. Museum: Fr–So 11–18 Uhr | Tipp Folgt man den Spazierwegen Richtung Herrenhäuser Gärten, kommt man zum Leibniztempel. Er wurde erst Mitte der 30er Jahre aus verkehrstechnischen Gründen von der Waterloosäule hierher umgesetzt.

100 Warmbüchenstraße Nummer 16

Das Traditionshaus der deutschen Avantgarde

Das kunstinteressierte Bürgertum wollte sich Anfang des letzten Jahrhunderts nicht länger vom mächtigen Stadtdirektor Tramm vorschreiben lassen, was Kunst ist und was nicht. Das »stocksteife« kulturelle Klima wollte das aufstrebende Großbürgertum mit unabhängigen Ausstellungsmöglichkeiten durchbrechen.

Das waren die Anfänge der Kestnergesellschaft, die sich namentlich auf den Kunstsammler August Kestner (1777–1835) bezieht. Gegründet wurde sie im Jahre 1916 in der Königstraße. Mitten im Ersten Weltkrieg rief man sie aus privaten Mitteln ins Leben. Mit dabei: die Familien Bahlsen, Madsack, Beindorff und Sprengel, der Galerist Garvens-Garvensburg und andere Stützen der hannoverschen Gesellschaft wie Rechtsanwälte und Architekten. Die Privatleute holten Kubisten, Maler der »Brücke« und des »Blauen Reiters« nach Hannover. Paul Küppers wurde künstlerischer Leiter, und unter seiner Ägide entwickelte sich hier das Zentrum der deutschen Avantgarde. Durch das Erbe seiner Frau Sophie zu Geld gekommen, entwickelte sich sein Haus, genau wie das des Galeristen Garvens, zum lebendigen »Künstlersalon«. Wildeste Dada-Abende mit Kurt Schwitters und dem damals noch unbekannten El Lissitzky endeten als Tanzabende.

1930 übernahm Justus Bier Küppers Aufgaben. Sechs Jahre später drängten die Nazis die Kestnergesellschaft dazu, ihren jüdischen Direktor zu entlassen. Man lehnte ab und entschied sich für Schließung. Nach dem Krieg kam es in der Warmbüchenstraße zur Neugründung. Wieder unterstützten Geschäftsleute das Vorhaben.

Die Stiftung »Ahlers Pro Arte« hat von 1995 bis 2016 im ehemaligen Haus der Kestnergesellschaft Kunstförderung in bester hannoverscher Gepflogenheit aufgegriffen. Die in die Fensterscheibe geschliffenen Namen der Künstler sollen an die vielen Ausstellungen erinnern, die in diesem Haus stattgefunden haben.

Adresse Warmbüchenstraße 16, 30159 Hannover-Mitte | ÖPNV 10 Gehminuten vom Hauptbahnhof Hannover oder Stadtbahnlinie 1, 2, 4, 5, 6, 8, 10, 17, Haltestelle Aegidientorplatz | Öffnungszeiten jederzeit von außen zu besichtigen | Tipp Nur ein paar Schritte entfernt, in der Blumenstraße 3, befindet sich das älteste vegetarische Restaurant Deutschlands, das Hiller, www.restaurant-hiller.de.

101 Die Wasserkunst

Wer schafft den höchsten Wasserstrahl?

Im ausgehenden 17. und beginnenden 18. Jahrhundert wetteiferten die Fürstentümer und Königshäuser bei der Anlage von Schlössern, Gärten und Wasserspielen miteinander. Der 1714 in Personalunion frisch zum englischen König Georg I. gekrönte hannoversche Kurfürst Georg Ludwig konnte bereits auf kostspielige Planungen seiner Vorfahren zurückgreifen, als er es sich in den Kopf setzte, die höchste Fontäne Europas zum Springen zu bringen. Kein geringerer als Leibniz hatte in früheren Jahren Ideen dazu geliefert, die allerdings nicht weiterverfolgt worden sind. Erst die in England entwickelte »Kehrschloss«-Technik versprach den erhofften Erfolg. Fünf große Wasserräder mit 40 Pumpen sollten einen ausreichenden Wasserdruck erzeugen, um endlich den gewünschten hohen Wasserstrahl zu erzeugen. Zum Bau wurden eigens englische Arbeiter herüber geschifft, die als Entlohnung nicht nur auf Geld, sondern auch auf englischem Bier bestanden. Zur Einweihung 1719 reiste der König eigens an, doch der Wasserstrahl erreichte zu seiner Enttäuschung gerade schlappe fünf Meter. Die Berechnungen der Leitungen waren falsch. Nun waren Fachleute aus den Harzer Bergwerken gefragt. Mit größeren Bleirohren erreichte die Fontäne 1720 zur Freude des Königs eine Springhöhe von 35 Metern, acht Meter höher als die Fontäne in Versailles – und übrigens fast so teuer wie die Dresdener Frauenkirche.

1863 wurde eine neue Wasserkunst eingeweiht mit zwei Wasserrädern und insgesamt vier Pumpen, die mittels gusseiserner Rohre den Wasserstrahl nun 65 Meter hoch springen ließ. Seit 1956 wird die Große Fontäne mit einer elektrischen Pumpe betrieben und lässt sie über 70 Meter steigen – die höchste Gartenfontäne in Europa.

Nach über 150 Jahren mussten Gebäude und Technik der Wasserkunst umfassend restauriert werden. Das deutschlandweit bedeutende Technikdenkmal kann in den Sommermonaten besichtigt werden.

Adresse Am Großen Garten 70, 30419 Hannover-Herrenhausen | ÖPNV Stadtbahnlinie 4 und 5, Haltestelle Schaumburgstraße, ab dort circa 1,4 Kilometer zu Fuß der Straße Am Großen Garten folgen und den Westschnellweg unterqueren | Öffnungszeiten In den Sommermonaten, genaue Besichtigungszeiten unter: www.wasserkunst-herrenhausen.de | Tipp Spaziergang entlang der Graft mit Blick zum Großen Garten. Direkt am Parkplatz befindet sich das ehemalige Kutscherhäuschen, jetzt ein Kiosk.

102 Der Wasserturm

Das heimliche Wahrzeichen der Vahrenwalder Straße

Egal, von welcher Richtung man kommt, der Wasserturm prägt das Bild der heutigen Vahrenwalder Straße, auch wenn in seiner Nähe die Hochhäuser wie Pilze aus dem Boden geschossen sind.

Als 1911 das größte Wasserreservoir Europas in Vahrenwald gebaut werden sollte, forderten die Bürgervorsteher von Stadtdirektor Tramm Mitspracherecht bei der architektonischen Ausführung, schließlich würde das Bauwerk das Stadtteilbild prägen. Sie konnten sich durchsetzen.

Ein Architekturwettbewerb wurde ausgelobt, und der Zweitplatzierte, Hermann Schaedtler, bekam für seinen preiswerteren »Heideturm« den Zuschlag. Äußerlich wie ein Wehrturm wirkend, befindet sich im Inneren eine Wasserkammer aus genietetem Stahlblech, die 4.000.000 Liter fassen kann. Anderthalb Meter dicke Mauern umhüllen den 160 Tonnen schweren Behälter, dessen gusseiserne Rohre einen Durchmesser von 70 Zentimetern haben. Im Zweiten Weltkrieg wurde der Turm so kräftig getroffen, dass sich die Wassermassen über die damalige Stader Chaussee ergossen. Kurz darauf prallte ein Flugzeug gegen das Mauerwerk und blieb stecken. Gerüchten zufolge soll es mit Nazi-Funktionären besetzt gewesen sein. Repariert war der Wasserturm bis 1963 in Betrieb, dann folgten Jahre des Leerstands.

Nach einer aufwendigen Renovierungsphase wurde das Kulturdenkmal für ein paar Jahre zum »Eventturm«. Von Firmenfeiern über Disco bis hin zu Ausstellungen war hier alles möglich. Im Kellergeschoss boten die früheren Technikhallen 2.700 Menschen Platz zum Feiern. In der ersten Etage gab es eine Lounge mit 18 Meter hoher Decke und den original rot verklinkerten Mauern. Von oben konnte man den traumhaften Blick über die Dächer der Umgebung genießen und die Größe des Wasserbehälters bestaunen, der sogar über eine Brücke begehbar ist. Jetzt ist wieder alles geschlossen und die Zukunft des Wasserturms offen. Sicher ist nur, dass er nicht abgerissen wird.

Adresse Vahrenwalder Straße 267, 30179 Hannover-Brink-Hafen | ÖPNV Stadtbahnlinie 1, Haltestelle Alter Flughafen | Tipp Direkt gegenüber befand sich das alte Flughafengelände von 1915. Noch heute kann man die runde Aussichtsplattform auf einem Haus der ehemaligen Fliegerstation und heutigen Emmich-Cambrai-Kaserne sehen.

103 Der Wedekindplatz

Klein-Paris und die Kirschen

Der Wedekindplatz wird im Volksmund »Klein-Paris« genannt. Was haben er und der Pariser Platz in Linden gemeinsam – außer der gefühlten Leidenschaft für die französische Hauptstadt? Beide sind vom Verkehr durchschnittene Plätze. Sind es in Linden oberirdische Straßenbahnschienen und Autos, wurden hier die Schienen in den Untergrund verlegt.

Trotzdem ist der Wedekindplatz seit 140 Jahren in zwei halbrunde Flächen geteilt. Mittendurch verläuft die Wedekindstraße. Bei seiner Fertigstellung waren die Häuser sternförmig von fünf Seiten mit den Schmalseiten zum Platz hin ausgerichtet, ringsum wurden Bäume und Laternen gesetzt. Die Straßenachsen laufen gradlinig aufeinander zu. Früher bildete ein Rondell mit kleiner Fontäne den Blickfang. Ein niedriges Eisengeländer markierte den Abschluss zum Fußweg, auf dem man die Anlage umrunden konnte. Alte Postkarten zeigen noch die verschwundene Kopfsteinpflasteridylle.

Trotzdem besitzt der Platz auch heute einen ganz besonderen Charme, dem Anwohner und Gäste immer wieder aufs Neue erliegen. Ob man bei schönem Wetter den Schatten auf den Sitzplätzen vor dem Lulu genießt, in der Esplanade oder im Wedevini stöbert – »Klein-Paris« entfaltet sich links und rechts der Straße.

Für Verwunderung aufmerksamer Fußgänger sorgen die Schilder mit der Aufschrift »Kirschplatz«. Die Erklärung ist einfach: Kunststudenten haben vor Jahren überall in der Stadt aus Sperrholz ausgesägte und angemalte überdimensionale Früchte aufgehängt, am Wedekindplatz sind es rote Kirschen. In einem Haus an der Braunstraße in Linden und der Wilhelm-Busch-Straße in der Nordstadt hängen die prallen Früchte noch an Hauswänden. In der List gab es Ärger, deshalb sind die Kirschplatz-Schilder versteckt an drei Hausecken befestigt.

Was Timm Ulrich mit Schildern für seine Ausstellung 2010 durfte, dürfen Kunststudenten noch lange nicht.

Adresse Wedekindplatz, 30161 Hannover-List | **ÖPNV** Stadtbahnlinie 3, 7, 9, Haltestelle Sedanstraße/Lister Meile | **Tipp** Der Bummel durch das gesamte Gebiet der Oststadt kommt einer Lehrstunde zum Thema Amtsverquickung und Hannover Connection gleich: Bauunternehmer, Architekt, Zementfabrikant, Reichstagsabgeordneter, städtischer Senator und Stadtbaumeister Ferdinand Wallbrecht hat hier mit einem »Rundum-sorglos-Paket« die Wohnwünsche seiner Mitbürger in Stein umgesetzt und klotzig verdient.

104 Der Welfenplatz

Reitställe mit dem Charme der königlichen Artillerie

Biegt man von der Lützeroder Straße links Richtung Welfenplatz ab, trifft man unvermittelt auf den Duft von Pferdemist, der so gar nicht in die List passen will.

1920 bezog die »Berittene Bereitschaft« der Reiterstaffel die Stallanlagen. Mit über 100 Pferden war sie gleich nach Berlin die zweitgrößte im Deutschen Reich. Auch nach dem Zweiten Weltkrieg wurde der Standort in der ehemaligen Artillerie-Kaserne beibehalten. Mittlerweile hat die Reiter- und Diensthundeführerstaffel der Polizei Hannover hier ihren Sitz. Im Gegensatz zu den 34 Polizeihunden finden die 32 Polizeipferde auch nach dem »Dienst« auf dem Gelände ihre Unterkunft. Die Reitanlage im von außen nicht einsehbaren Innenhof verblüfft die Besucher. Noch mehr jedoch die Reithalle und die Stallanlage mit ihren filigranen Säulen, die so gar nicht in die heutige Zeit passen wollen und den Besucher auf eine Reise in die Vergangenheit schicken. Vor allem jetzt, wo sie frisch renoviert sind. Nach den Befreiungskriegen errichtete die Garnisonsstadt Hannover zahlreiche militärische Anlagen, darunter auch die »Königlichen Welfen-Kasernen« am Rande der List. Der dreiteilige romanisch anmutende Bau aus rotem Backstein rahmt seit 1860 einen streng rechtwinkligen Exerzierplatz ein. Georg V. taufte ihn passend zum Königshaus »Welfenplatz«. Sonntags stellten sich die Mannschaften vom 6. Infanterieregiment in ihren Ausgehuniformen in Rot, Blau und Schwarz zum Kirchgang auf. Mit Musik ging es durch die Stadt zur Garnisonskapelle und später wieder zurück.

Aber es gab auch ernste Momente. 1914 zog das 74. Feldartillerieregiment von hier aus in den Ersten Weltkrieg. Darunter der Kriegsfreiwillige Hermann Löns, der kurz darauf bei Reims fiel. Nach der Ernennung Hitlers zum Reichskanzler starteten die Nationalsozialisten vom Welfenplatz aus ihren Siegeszug durch die Stadt.

Adresse Am Welfenplatz 1, 30161 Hannover-List, Tel. 0511/1091903 | ÖPNV Stadtbahnlinie 3 oder 7 bis Lister Platz, Buslinie 134 bis Welfenplatz | Öffnungszeiten Montags kann die Reithalle in den Vormittagsstunden nach telefonischer Vereinbarung besichtigt werden. | Tipp Ganz in der Nähe liegt die Apostelkirche, erbaut von Conrad Wilhelm Hase

105 Der Willy-Spahn-Park

Von der Mergelgrube zum Sprudella-Juwel

Zwischen Wohnhäusern liegt das grüne Juwel von Ahlem, gut erkennbar mit dem seit seiner Restaurierung auf 34 Meter geschrumpften Klinkerschornstein. Das überregional bedeutsame Industriedenkmal erinnert an die Anfänge der Calenberger Industriekultur. Bereits 1850 wurde die erste Kalkbrennerei Ahlems gegründet, das wachsende Hannover verlangte Baumaterialien. Ab 1925 kam der Hoffmannsche Ringofen, eine revolutionäre Brennofentechnologie, in einem Klinker-Rundbau zum Einsatz. Das Ringofenprinzip ließ das Feuer im Kreis wandern, sodass bis zu 30 Werksangestellte rund um die Uhr an ihm arbeiten konnten. Die Weltwirtschaftskrise bedeutete das Ende des Betriebs.

Der umtriebige Kaufmann Willy Spahn erwarb 1938 das brachliegende Grundstück und hauchte ihm neues Leben ein. Er ließ noch während des Zweiten Weltkrieges Terrassen anlegen und die Senke des Steinbruchs mit Mutterboden auffüllen. Dann pflanzte er Sauerkirschen und Apfelbäume. Süßkirschen, Pflaumen- und Birnenbäume folgten. Die Früchte vermostete er in der neu gegründeten Firma »Sprudella«. Seine Karaffen mit »Goldsaft« sowie die Zitronen- und Orangenlimonade waren bei den umliegenden Fabriken wie Continental und Varta sehr beliebt.

Das kinderlose Ehepaar Spahn stiftete das Gelände der Stadt Hannover, um dort einen Park zu errichten. Das Dickicht wurde behutsam gelichtet, der Obstbaumbestand verjüngt, die Wege zum rollstuhlgerechten Rundweg erweitert und mit Bänken versehen, die Gebäude restauriert. Seit 2004 kann der Brenngang nach Absprache besichtigt werden, nur nicht im Winter. Dann ist er Überwinterungsquartier von Fledermäusen. Auf dem 500 Quadratmeter großen Dachboden ist eine Dauerausstellung zur industriellen Entwicklung der Umgebung zu sehen, gleichzeitig bietet er Raum für Veranstaltungen jeder Art.

Im Park kann nach Herzenslust vom Obst genascht werden.

Adresse Ahlemer Waldstraße 2, 30453 Hannover-Ahlem | **ÖPNV** Regio Buslinie 700 ab Hannover-ZOB, Haltestelle Ahlem/Willy-Spahn-Park | **Öffnungszeiten** Nov.–Feb. 8–17 Uhr, März–April 7–19 Uhr, Mai–Aug. 7–21 Uhr, Sept.–Okt. 7–19 Uhr, bei Schnee oder Eisglätte bleibt die Anlage geschlossen, Siegfried Frohner, Tel. 0511/7681005, willy-spahn-park@gmx.de. | **Tipp** Der Ahlemer Turm wurde 1897 auf einem Hügel errichtet. 2007 wechselte das Gebäude in den Besitz einer thailändisch-buddhistischen Gemeinde. Seitdem sorgen die Mönche des Wat Dhammavihara Tempels für orange Farbtupfer in Ahlem, www.wathannover.de.

106 Das WOK-Museum

Esskultur durch die Jahrhunderte

Carl-Werner Möller Hof zum Berge gründete 2009 den Verein WOK. Der Name kann zu Irritationen führen. Hier geht es nicht etwa um die asiatischen Kochpfannen, die bei Stefan Raabs eisigen Rutschpartien zum Einsatz kommen. WOK steht für: World of Kitchen – oder auch Küchenmuseum. Der gemeinnützige Verein rückt die Kultur der Speisenzubereitung in den Mittelpunkt seiner Ausstellung.

In einer ehemaligen Druckerei, versteckt im Herzen der List, wird auf 1.400 Quadratmetern die Geschichte der Küchenkultur vom Mittelalter bis zur Neuzeit dargestellt. Hier steht die Resopalküche der 60er Jahre mit den Prilblumen, gleich dahinter ein antiker Herd aus Belgien. Das französische Café ist vorhanden, genau wie der orientalische Gewürzbasar oder eine weihnachtlich dekorierte Esstafel. Toaster, Kaffeemaschinen, Würstchenerwärmer – hier entdeckt man Dinge, die man noch nie gesehen hat. Und die Ausstellung wächst und wächst.

Aber es geht nicht nur ums Anschauen von unterschiedlichsten Küchengerätschaften. Auch das Wissen um die Nahrungszubereitung und das Kochen selbst soll vermittelt werden. Dreh- und Angelpunkt des Erlebnismuseums ist deshalb die Schul- und Lehrküche mit ihren mehr als 3.000 Kochbüchern – und die stehen nicht nur zur Zierde da. Den ausschließlich geführten Gruppen reicht man während der Besichtigung Snacks zum Appetitmachen. Im Anschluss daran müssen alle selbst Hand anlegen, wenn gemeinsam gekocht und gegessen wird. Das Angebot richtet sich an alle Altersklassen. Die Vor- und Nachmittage sind Kindergärten und Schulklassen vorbehalten, finanziert durch die Eintrittserlöse. Am Abend schwingen die Erwachsenen den Kochlöffel, die müssen allerdings bezahlen. Dafür kann hier jeder etwas lernen. Geht nicht, gibt's nicht. Frei nach diesem Motto wird dem Fast Food der Krieg erklärt und eine Lanze für die gesunde Ernährung gebrochen.

Adresse Spichernstraße 22, 30161 Hannover-List, Tel. 0511/325898 oder www.wok-museum.de | ÖPNV Stadtbahnlinie 1 und 2, Haltestelle Werderstraße, 10 Minuten Fußweg vom Hauptbahnhof | Öffnungszeiten Di–Sa 11–19 Uhr, täglich zwischen 4 und 6 Führungen | Tipp Das dazugehörige Schlosscafé rundet mit seinem Angebot für Besucher das kulinarische Erlebnis ab und hinterlässt einen nachhaltigen Eindruck.

107 Der Wolle-Widder

Ein Tier des Widerstands

Die erste deutsche Fabrikationsstätte zur mechanischen Reinigung von Wolle wurde 1868 auf der Leineinsel in Döhren gegründet. Die prächtigen Produktionsgebäude waren steingewordener Ausdruck eines erfolgreichen Unternehmens. Firmensymbol war ein Widder. So kamen die »Deutschen Wollkämmerer« 1893 auf die Idee, ihren »Döhrener Collegen« einen in Bronze gegossenen Widder zu schenken. Über viele Jahrzehnte gingen die Arbeiter morgens und abends an dem auf einem Sockel stehenden Schafsbock vorbei, manche grüßten ihn wie einen alten Freund.

Nach einem Höhenflug bei der Produktion bis zum Beginn des Zweiten Weltkrieges ging es bei der »Döhrener Wolle« stetig bergab. Eine Investorengruppe kaufte 1972 die Aktienmehrheit, löste das Unternehmen auf und verkaufte das Werksgelände an das Wohnungsunternehmen Neue Heimat. Die meisten der Werksgebäude wurden abgerissen, der Wolle-Widder wurde vor den Baggerschaufeln des gewerkschaftseigenen Bauunternehmens in Sicherheit gebracht. Im Keller des Historischen Museums verstaut, geriet er in Vergessenheit. Jedenfalls für ein paar Jahre. Dann erinnerten sich die ersten Menschen wieder an den Wolle-Widder und fragten nach, was damit werden soll. Die Stadt hatte keinen Plan. Geübt im bürgerlichen Ungehorsam bildete sich im Stadtteil schnell eine Bürgerinitiative, die sich für die Rückkehr des symbolträchtigen Tieres einsetzte. Die »Initiativgemeinschaft zur Wiederaufstellung des Wolle-Widders« brauchte circa 5.000 Mark, um die Rückkehr des etwa 300 Kilogramm schweren Schafbocks zu finanzieren. Phantasie war gefragt. Und die war reichlich vorhanden. Eine 1.000-Mark-Aktie der »Wolle« aus dem Jahr 1951 wurde im Steindruckverfahren nachgedruckt und als Reprint verkauft. Ende Juni 1985 war es soweit. Der Wolle-Widder kehrte nach Döhren zurück, was mit einem großen Straßenfest auf der »Historischen Zeile« wurde.

Adresse An der Ecke Am Leinewehr und Wollkämmerei, 30519 Hannover-Döhren | **ÖPNV** Stadtbahnlinie 1, 2, 8, 18 Haltestelle Peiner Straße | **Tipp** Nur wenige Meter entfernt, steht der unter Denkmalschutz stehende Uhrenturm der ehemaligen »Döhrener Wolle«. Damals war es der Eingang zum Fabrikgelände.

108 Die Wülfeler Teiche

Wo sich Storch und Frosch Gute Nacht sagen

Rund um Hannover gibt es einige wunderschöne Landschaftsschutzgebiete. Da wären die »Breite« und die »Nasse Wiese« direkt hinter dem Kanal bei Misburg zu nennen, auf der Pferde und Rinder grasen. Oder die Mardalwiese vor den Toren Kirchrodes, eine »Kalk-Pfeifengraswiese«, auf der neben Pferden auch Graureiher und Störche zu Hause sind.

Das alles wird jedoch von dem Landschaftsschutzgebiet zwischen Wülfel, Hemmingen und Wilkenburg getoppt. Empfehlenswert ist die Tour durch die abwechslungsreiche Teichlandschaft mit dem Fahrrad ab dem Wülfeler Biergarten. Direkt dahinter liegen weite Wiesen. Wege wie »Holzwiesen«, »Schwarzer Weg« und »Weißdornweg« verzweigen sich dort und führen über jede Menge Brücken. Zur Stadt hin begrenzt der Wiehegraben das Gebiet, durch das sich die Alte Leine schlängelt, die an der Ziegenbocksbrücke in die Leine mündet. Hier liegt das Jugendgästehaus. Bett und Bike ist die neue preiswerte Devise im Haus neben dem Paddelclub, hier ist auch das Domizil der Kanu-Wanderer Hannover e. V. Im Landschaftsschutzgebiet selbst schließt sich ein Teich an den anderen an, dazwischen gibt es Felder, die noch von Bauern beackert werden, und feuchte Wiesen, auf denen man Störche antrifft. Direkt am Teich grast eine Kuhherde, die sich von vorbeifahrenden Radfahrern beim Wiederkäuen nicht aus der Ruhe bringen lässt. Die Tiere beschwören einen dörflichen Charakter herauf, den man in der Nähe der alten Chemie-Industrieanlagen am Rande von Döhren und Wülfel nicht vermutet hätte.

Manche Seen sind fest in der Hand von Anglern, andere haben Enten, Gänse und Seerosen allein für sich. Die Brückstraße mit der Autobuslinie 363 durchkreuzt die Teichlandschaft. Hier trifft man am Wegesrand auffallend viele Männer, die wartend im Auto sitzen oder rauchend an der Wegecke stehen. Sie sehen alle nicht so aus, als wollten sie Fische fangen.

Adresse Hildesheimer Straße 380, 30519 Hannover-Wülfel | ÖPNV Stadtbahnlinie 1 und 2, Haltestelle Wiehbergstraße | Tipp Die köstlichen Rippchen des Wülfeler Biergartens sind Kult in Hannover, geöffnet im Sommer Mo–Fr ab 15 Uhr, Sa ab 12 Uhr, So ab 11 Uhr, www.wuelfeler-biergarten.de.

109 Der Yachthafen

Hannovers maritime Seite

Am Mittellandkanal in Höhe des Lister Bades liegt an der Werftstraße der Yachthafen. In den 50er Jahren gab es hier die Nordring- und die Arminius-Werft. Ende der 80er war damit Schluss, und ein Unternehmer veränderte die Anlage zum Yachthafen mit Ringelpietz mit Anfassen. Im Café Flamingo und auf den Hafenfesten ging die Post ab – bis die grandiose Pleite des Besitzers dem bunten Treiben ein Ende setzte. Die Marinekameradschaft übernahm die Hafenanlage.

Vor ein paar Jahren fand die elegante »Prinz Adalbert von Preußen« hier ihren Altersruhesitz. 1928 in Hamburg als Schleppleichter gebaut, fuhr das 50 Meter lange und sechs Meter breite Schiff auf vielen Wasserstraßen, meist jedoch auf der Elbe. Nach dem Krieg setzte man es als schwimmendes Getreidesilo ein, 1975 kam es zu den Verkehrsbetrieben Magdeburg. Erst diente es der »Weißen Flotte«, später baute man Fenster ein, um es als Depot- und Werkstattschiff zu nutzen. 1999 wurde das Schiff außer Dienst gestellt und sollte verschrottet werden. Das war die Stunde der Marinekameradschaft Hannover von 1898 e. V. Sie erwarb die »Prinz Adalbert von Preußen« günstig und restaurierte das Frachtschiff in liebevoller Arbeit und mit viel Zeitaufwand. 2003 erkor man es zum neuen Vereinsheim.

Fast 100 Damen und Herren, die sich der See und der Schifffahrt verbunden fühlen, treffen sich seitdem regelmäßig an Bord, um die deutsche Seefahrtstradition und das seemännische Brauchtum zu pflegen und zu fördern. Mit dabei: Freizeitkapitäne, Modellbauer, Marinemaler. Manchmal schauen Interessierte herein, die die Atmosphäre auf der »Prinz Adalbert von Preußen« mit Blick auf die vorbeiziehenden Schiffe auf dem Mittellandkanal schnuppern wollen und gerne lauschen, wenn Seemannsgarn der dicksten Art gesponnen wird. Die Dieseltankstelle im Yachthafen ist immer gut für ungewollt komische Einlagen unerfahrener Freizeitkapitäne.

Adresse Werftstraße 19, 30163 Hannover-List, Tel. 0511/54558098 | **ÖPNV** Buslinie 128 und 134 zum Endpunkt Nordring, von dort 2 Minuten zu Fuß. Auf dem Wasserweg ist es Kanal-Kilometer 163,5 bis 163,7 auf dem Mittellandkanal. | **Tipp** Schräg gegenüber liegt das Lister Bad direkt am Mittellandkanal. Vom Sprungturm hat man eine gute Aussicht auf den Yachthafen, Am Lister Bad 1, www.hannover.de/baeder.

110 Der Zeigerpflanzen-Garten

Natürliches Wachstum erkunden

Der Zeigerpflanzen-Garten befindet sich in einem geschlossenen Innenhof der Fakultät für Architektur und Landschaft in Herrenhausen, an der Landschaftsarchitekten und Umweltplaner ausgebildet werden. In den Beeten wachsen Pflanzen, die sogenannte Zeigerwerte haben. Einige sind Bioindikatoren für Trockenheit oder Nässe, andere für Säure- oder Kalkgehalt oder Magerkeit und Stickstoff. Professor Dr. Heinz Ellenberg untersuchte seit den 1940er Jahren mitteleuropäische Pflanzen auf ihr ökologisches Verhalten. Die »Ellenberg'schen Zeigerwerte«, die von ökologischen und botanischen Beobachtungen und Erfahrungen auf unterschiedlichen Standorten abgeleitet worden sind, wurden Anfang der 1970er Jahre veröffentlicht.

Damit es nicht nur eine theoretische Überlegung bleibt, hat Professor Dr. Franz H. Meyer 1976 angeregt, für die Studierenden einen Lehrgarten mit solchen Pflanzen anzulegen. Rudolf Thinius, Gärtner am Institut für Landschaftspflege und Naturschutz, setzte die in Deutschland wild wachsenden Pflanzenarten in 24 Kombinationen von Zeigerwerten zusammen, die durch Schilder und farbige Erläuterungssymbole in Kreisform gekennzeichnet sind. Blau ist die Feuchte-, Rot die Reaktions- und Blau die Stickstoffzahl. Dem Besucher des rasterförmig angelegten Gartens ist es so möglich, die für die Pflanze typische Standortvorliebe abzulesen. Die Anlage wurde mittlerweile um mit Kies und Sand gefüllte Hochbeete erweitert, Standort für Trockenheit ertragende Pflanzen.

Wurden bei der Gartengründung Pflanzen aus dem Berggarten, dem Botanischen Schulgarten Burg und dem Wildstaudengarten der Tiermedizinischen Hochschule gesetzt, gibt es mittlerweile viele »Reisemitbringsel« von Lehrenden und Studierenden.

Mehr als 450 Arten laden Interessierte zum Selbststudium ein, ein Viertel sind gefährdete Pflanzenarten, die auf der Roten Liste geführt werden.

Adresse Herrenhäuser Straße 2, 30419 Hannover-Herrenhausen | ÖPNV Stadtbahnlinie 4 oder 5, Haltestelle Herrenhäuser Gärten | Öffnungszeiten Mo – Fr bis 20 Uhr, erreichbar über den Haupteingang an der Herrenhäuser Straße 2. Führungen können vereinbart werden unter Tel. 0511/7624276. | Tipp Schräg gegenüber der Tankstelle liegt »ganz in weiß« Hannovers schönstes Parkhaus. Der Name ist Programm. 1894/95 wurde es im Auftrag des Bankiers Alexander Moritz Simon als Erneuerungsbau eines vorhandenen Konzerthauses errichtet. Heute wird das denkmalgeschützte Gebäude von der Universität genutzt.

111 Das Zooviertel

Keiner schaut einem geschenkten Gaul ins Maul

Das Zooviertel zwischen Stadthalle und Emmichplatz wird im Volksmund Hindenburgviertel genannt. Gleich nach der Jahrhundertwende begann hier eine rege Bautätigkeit. Es entstanden imposante Villen, aber auch die beeindruckend große ehemalige Oberpostdirektion in der Zeppelinstraße 24. Gleich daneben ließ sich der amtierende Stadtdirektor die Tramm-Villa bauen. Die Sozialdemokraten empörten sich über die enormen Kosten des repräsentativen Wohnsitzes. Vergebens. »König Heinrich« wurde trotzdem kurz danach zum Ehrenbürger der Stadt ernannt.

Generalfeldmarschall Paul von Beneckendorff und Hindenburg, wie der Reichspräsident komplett hieß, wohnte von 1911 an in der Nähe der Bödeckerstraße. Ihm zu Ehren marschierte das Hannoversche Infanterieregiment gerne mit »Pauken und Trompeten« an seinem Haus vorbei.

Damit war Schluss, als Hindenburg 1914 »zur Fahne« gerufen wurde. Hannover trauerte seinem prominenten Bürger nicht nur nach, man ernannte auch ihn nach seinen Kriegserfolgen ruck, zuck zum Ehrenbürger. Das reichte aber noch nicht. Die Stadt baute ihm in der Bristoler Straße 6 eine großzügige Villa und schenkte sie ihm auf Lebenszeit. Hindenburg, mittlerweile in die Heeresleitung aufgerückt, fühlte sich überaus wohl in Berlin und dachte gar nicht daran, nach Hannover zurückzukehren. Erst die flehentlichen Bitten der Stadtoberen und das kostenlose Haus zeigten Wirkung. Der Held von Tannenberg bequemte sich 1919 nach Hannover zurück. Dem Volksfest zu seinen Ehren bei der Ankunft folgte neugieriges Flanieren durchs »Hindenburgviertel«.

Als Bundeskanzler Gerhard Schröder ein paar Straßen weiter seinen Wohnsitz wählte, kam es erneut zum Schaulaufen. Schröder musste sich sein Haus allerdings vom eigenen Geld kaufen. Nicht auszudenken, was passiert wäre, wenn er es von der Stadt geschenkt oder finanziert bekommen hätte.

Adresse Bristoler Straße 6, 30175 Hannover-Zoo | ÖPNV Stadtbahnlinie 11, Haltestelle Zoo | Tipp Besuchen Sie die Seniorenresidenz Kursana, Villa Hannover. Sie befindet sich im denkmalgeschützten Gebäude der ehemaligen Oberpostdirektion, die von 2005 bis 2007 behutsam saniert wurde, www.kursana.de.

1
A7
Großburgwedel
Isernhagen
Kaltenweide
A352
Niederhägener
Bauernschaft
Langenhagen
Isernhagen-
Süd
Godshorn
Schulenburg
522
2
A2
A2
Altwarmbüchen
3
A37
Bothfeld
Ledeburg
47
6
Vahrenwald
A2
3
4
5
Groß-
Buchholz
Ahlem
HANNOVER
Kleefeld
Anderten
Badenstedt
Kirchrode
65
Empelde
65
3
6
Wettbergen
A7
217
Hemmingen
Ronnenberg
61
3
Laatzen
A37
Arnum
Leine
Hiddestorf
443
6
Oesselse
Gleidingen
N
Pattensen
0
2 km
Sarstedt

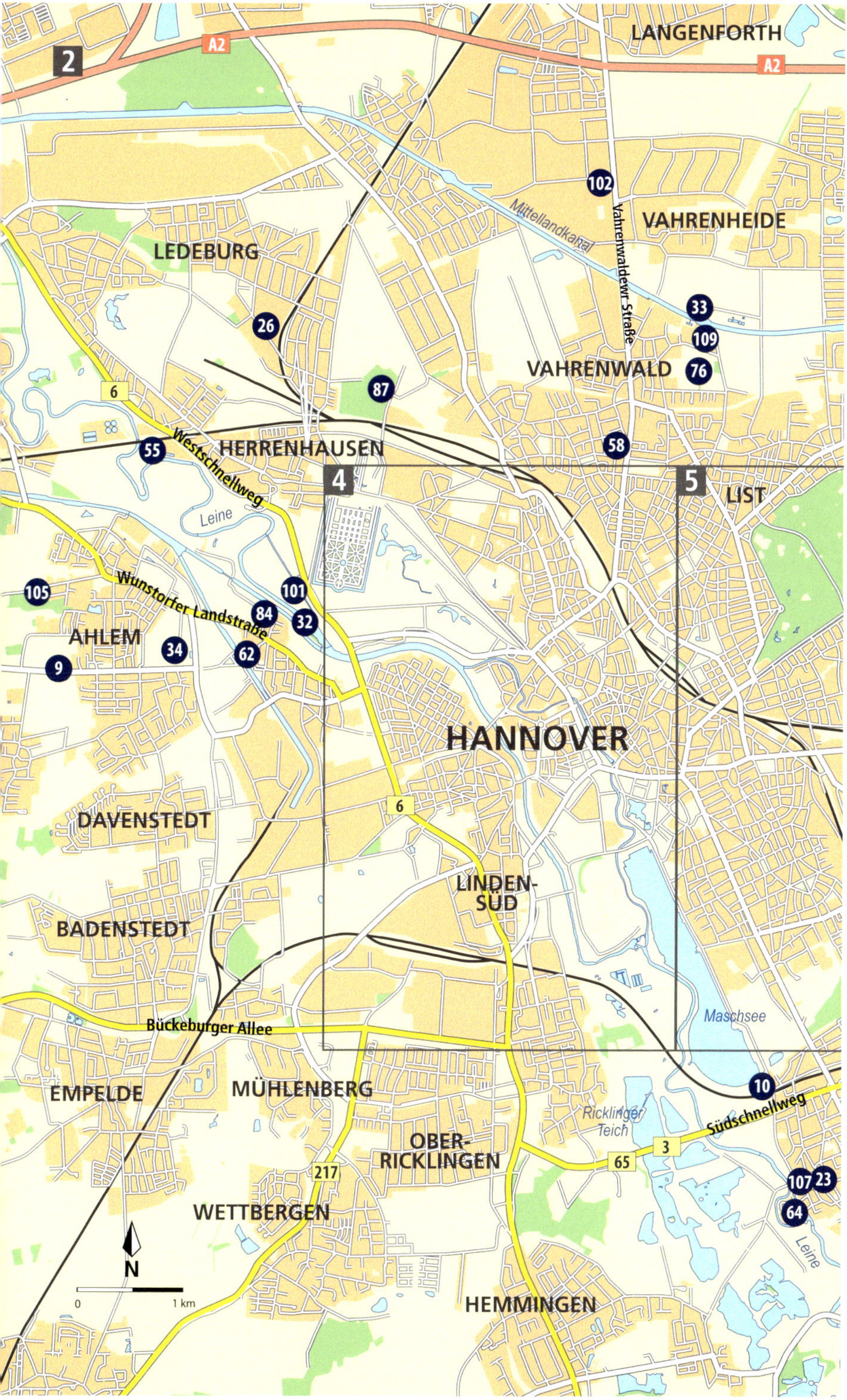

2
A2
LANGENFORTH
A2
102
Mittellandkanal
Vahrenwalder Straße
VAHRENHEIDE
LEDEBURG
33
109
26
VAHRENWALD
76
87
6
55
Westschnellweg
HERRENHAUSEN
58
4
5
LIST
Leine
105
Wunstorfer Landstraße
101
84
32
AHLEM
34
62
9
HANNOVER
6
DAVENSTEDT
LINDEN-
SÜD
BADENSTEDT
Maschsee
Bückeburger Allee
10
EMPELDE
MÜHLENBERG
Ricklinger Teich
Südschnellweg
3
OBER-
RICKLINGEN
65
217
107
23
64
WETTBERGEN
N
Leine
0
1 km
HEMMINGEN

3
ALTWARMBÜCHEN
A2
A37
Altwarmbücher See
Kugelfangtrift
92
BOTHFELD
SAHLKAMP
73
90
Podbielskistraße
38
3
A2
93
Messeschnellweg
18
5
MISBURG
GROß-
BUCHHOLZ
Mittellandkanal
KLEEFELD
45
Annateich
2
13
3
Höversche Straße
14
Tiergarten-
straße
54
ANDERTEN
Lehrter Straße
75
46
KIRCHRODE
Südschnellweg
65
43
BEMERODE
6
A7
88
Garkenburgstr.
KRONSBERG
MITTELFELD
Hildesheimer Straße
DÖHREN-
WÜLFEL
77
108

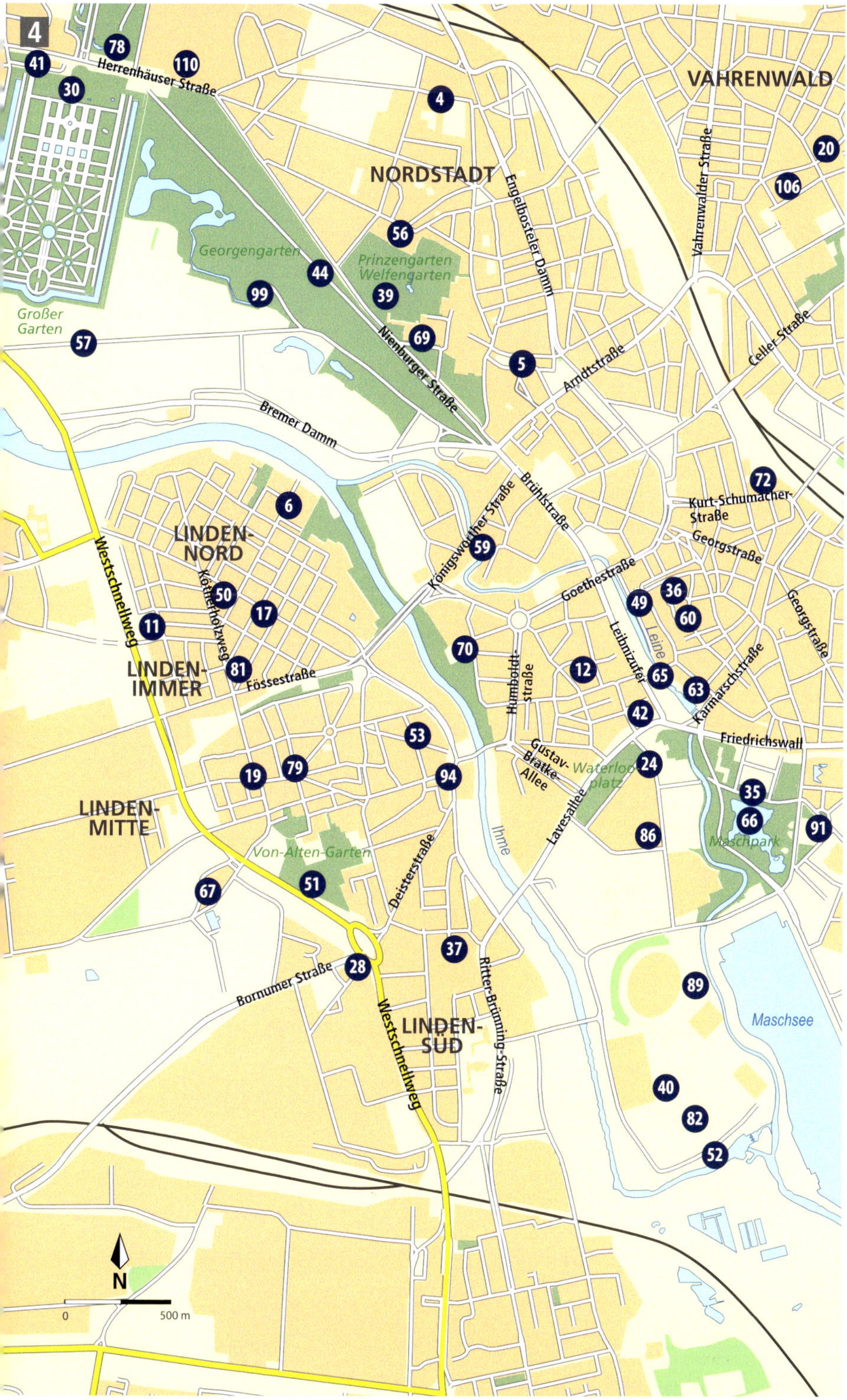
4
Herrenhäuser Straße
VAHRENWALD
NORDSTADT
Engelbosteler Damm
Vahrenwalder Straße
Georgengarten
Prinzengarten
Welfengarten
Großer Garten
Nienburger Straße
Arndtstraße
Celler Straße
Bremer Damm
Brühlstraße
Königsworther Straße
Kurt-Schumacher-Straße
Georgstraße
LINDEN-NORD
Goethestraße
Westschnellweg
Köthnerholzweg
Leibnizufer
Leine
LINDEN-IMMER
Fössestraße
Humboldtstraße
Karmarschstraße
Friedrichswall
Gustav-Bratke-Allee
Waterlooplatz
LINDEN-MITTE
Lavesallee
Ihme
Maschpark
Von-Alten-Garten
Deisterstraße
Bornumer Straße
Ritter-Brüning-Straße
Maschsee
LINDEN-SÜD
N
0
500 m

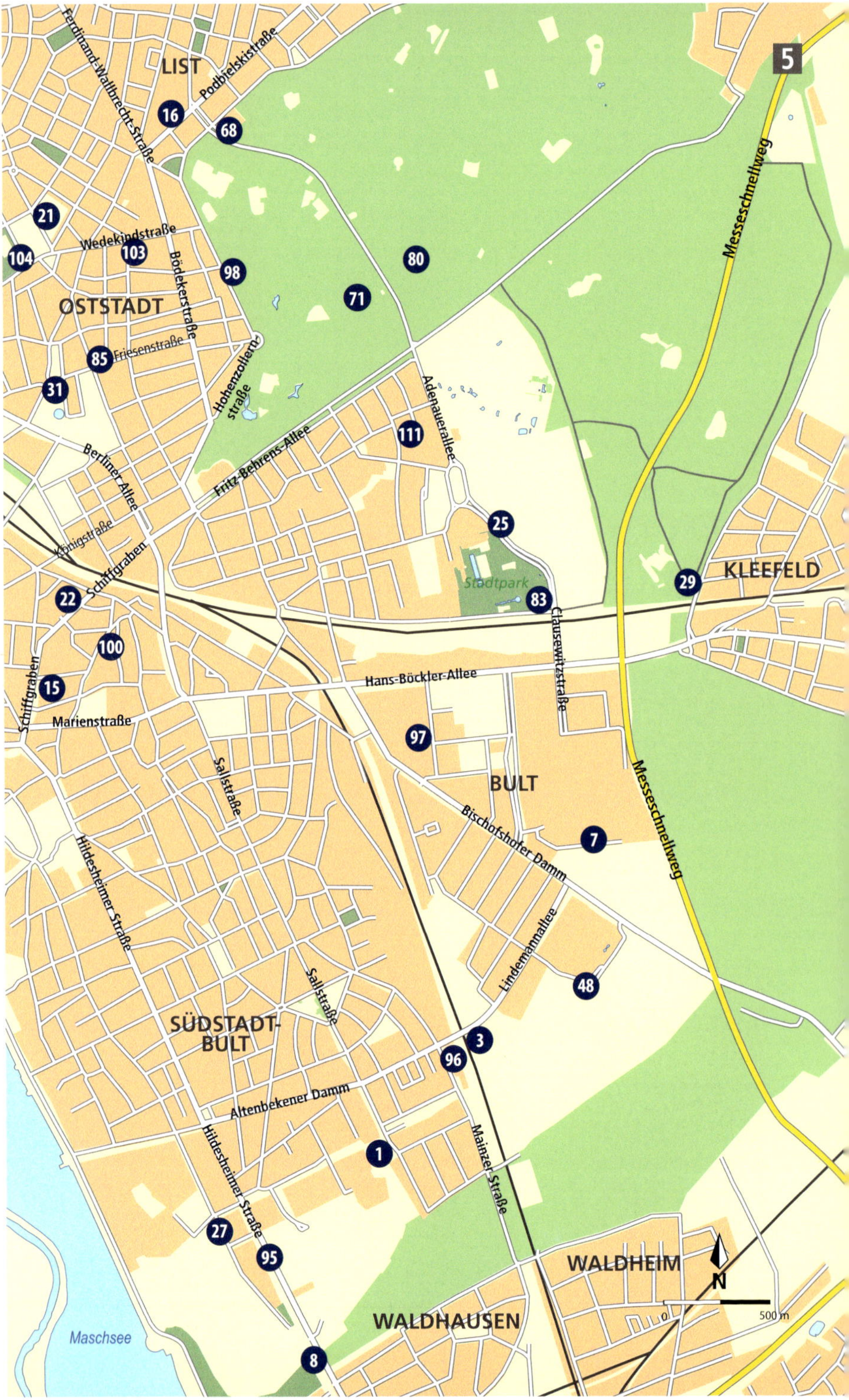

5
LIST
OSTSTADT
KLEEFELD
BULT
SÜDSTADT-BULT
WALDHEIM
WALDHAUSEN
Stadtpark
Maschsee
Ferdinand-Wallbrecht-Straße
Podbielskistraße
Wedekindstraße
Bödekerstraße
Friesenstraße
Hohenzollernstraße
Berliner Allee
Fritz-Behrens-Allee
Adenauerallee
Königstraße
Schiffgraben
Clausewitzstraße
Hans-Böckler-Allee
Marienstraße
Sallstraße
Bischofsholer Damm
Lindemannallee
Hildesheimer Straße
Altenbekener Damm
Mainzer Straße
Messeschnellweg
N
0
500 m
16
68
21
103
104
98
80
71
85
31
111
25
29
83
22
100
15
97
7
48
3
96
1
27
95
8

Axel Klingenberg,
Thomas Hackenberg
111 Orte im Braunschweiger Land, die man gesehen haben muss
ISBN 978-3-95451-671-1

Uwe Grießmann, Sonja Klima
111 Orte in und um Hildesheim, die man gesehen haben muss
ISBN 978-3-7408-1421-2

Alexandra Schlennstedt,
Jobst Schlennstedt
111 Orte in Bielefeld, die man gesehen haben muss
ISBN 978-3-7408-0744-3

Annett Rensing
111 Orte in Osnabrück, die man gesehen haben muss
ISBN 978-3-7408-1194-5

Stephanie Katerle
111 Orte in Paderborn, die man gesehen haben muss
ISBN 978-3-7408-0645-3

Alexandra Schlennstedt,
Jobst Schlennstedt
111 Orte in der Lüneburger Heide, die man gesehen haben muss
ISBN 978-3-95451-844-9

Jochen Reiss
111 Orte in und um Göttingen, die man gesehen haben muss
ISBN 978-3-7408-1353-6

Ingo Stock
111 Orte im Teutoburger Wald, die man gesehen haben muss
ISBN 978-3-95451-859-3

Lucia Jay von Seldeneck,
Verena Eidel, Carolin Huder
111 Orte in Berlin, die man gesehen haben muss
ISBN 978-3-7408-1097-9

Lucia Jay von Seldeneck,
Verena Eidel, Carolin Huder
111 Orte in Berlin, die man gesehen haben muss, Band 2
ISBN 978-3-95451-207-2

Petra Wochnik, Andreas Klesse
111 Orte auf Langeoog, die man gesehen haben muss
ISBN 978-3-7408-0839-6

Jacek Auerbach
111 Orte in Oldenburg, die man gesehen haben muss
ISBN 978-3-7408-0249-3

Bernd F. Gruschwitz
111 Orte in Bremen, die man gesehen haben muss
ISBN 978-3-95451-210-2

Ingo Stock
111 Orte auf Spiekeroog, die man gesehen haben muss
ISBN 978-3-7408-0339-1

Manfred Reuter, Lena Reuter
111 Orte auf Norderney, die man gesehen haben muss
ISBN 978-3-7408-1457-1

Norbert Ney, Sonja Bergot
111 Orte in Ostfriesland, die man gesehen haben muss
ISBN 978-3-95451-828-9

Paul Stänner
111 Orte im Münsterland, die man gesehen haben muss
ISBN 978-3-7408-1414-4

Dietmar Hoos, Susanne Hoos
111 Orte in Kassel, die man gesehen haben muss
ISBN 978-3-7408-1188-4

Danksagung

Wir danken allen Mitarbeiterinnen und Mitarbeitern der Stadtverwaltung Hannover, den Bezirksmanagern der Stadt Hannover, den Archiven, dem Niedersächsischen Staatstheater, den verschiedenen Pressestellen und Privatpersonen, die uns bei unserer Arbeit unterstützt und immer wieder Fragen beantwortet haben. Insbesondere Elke Oberheide und Goetz Buchholz.

Kennen Sie einen ganz besonderen Ort, der nicht erwähnt wurde? Zögern Sie nicht und schreiben Sie uns unter »eine Nachricht senden« unter www.corneliakuhnert.de.

Die Autorin

Cornelia Kuhnert ist in der List geboren und bekennende Hannoveranerin – umso überraschter war sie darüber, was sie bei der Recherche alles über ihre Stadt erfahren hat. Die ehemalige Lehrerin arbeitet seit einigen Jahren freiberuflich als Autorin und Herausgeberin von Kriminalromanen und Kurzkrimis. Sie ist Mitglied bei den Mörderischen Schwestern, im Syndikat und organisiert das Krimifest Hannover. www.corneliakuhnert.de

Der Fotograf

Günter Krüger kommt aus Vechta und lebt seit vielen Jahren in der Region Hannover. Der selbstständige Architekt und Fotograf leitet ein zehnköpfiges Planungsbüro in Burgwedel, das sich auf Industriearchitektur spezialisiert hat. Mit seinem scharfem Auge setzt er Details in Szene, die gern übersehen werden. www.guenterkrueger.de